CURSO DE ESPAÑOL COMO LENGUA EXTRANJERA

NUEVO ESPAÑOL EN MARCHA

CUADERNO DE EJERCICIOS

Francisca Castro Viúdez
Mercedes Álvarez Piñeiro
Ignacio Rodero Díez
Carmen Sardinero Francos

Primera edición, 2014
Séptima edición, 2018

Produce **SGEL – Educación**
Avda. Valdelaparra, 29
28108 ALCOBENDAS (MADRID)

© Francisca Castro, Mercedes Álvarez, Ignacio Rodero, Carmen Sardinero
© Sociedad General Española de Librería, S. A., 2014
  Avda. Valdelaparra, 29. 28108 ALCOBENDAS (MADRID)

Coordinación editorial: Jaime Corpas
Edición: Belén Cabal
Diseño de cubierta e interior: Verónica Sosa
Corrección: Ana Sánchez Urquijo
Ilustraciones: Maravillas Delgado (págs. 5, 13, 20, 29, 57, 58, 62 y 65)
y Pablo Torrecilla (págs. 6, 7, 21 y 30)
Fotografías: CordonPress (págs. 8, 40, 41, 42-43 y 75), Shutterstock (págs. 4, 5, 10, 12, 14, 15, 16, 17, 18, 19, 23, 25, 26, 31, 32, 35, 39, 45, 46, 48, 51, 52, 54, 55, 63, 65, 67, 68, 69, 72 y 73), resto Gettyimages.
Maquetación: Leticia Delgado

Impresión: Gómez Aparicio Grupo Gráfico

ISBN: 978-84-9778-724-6

Depósito Legal: M-20752-2014

Printed in Spain – Impreso en España

Cualquier forma de reproducción, distribución, comunicación pública o transformación de esta obra solo puede ser realizada con la autorización de sus titulares, salvo excepción prevista por la ley. Diríjase a CEDRO (Centro Español de Derechos Reprográficos) si necesita fotocopiar o escanear algún fragmento de esta obra (www.conlicencia.com; 91 702 19 70 / 93 272 04 47).

CONTENIDOS

UNIDAD 1	**Conocerse mejor**	4
UNIDAD 2	**El futuro que viene**	10
UNIDAD 3	**Comida y salud**	16
UNIDAD 4	**Socialización**	22
UNIDAD 5	**Consumo**	28
UNIDAD 6	**Medios de comunicación**	34
UNIDAD 7	**Ocio**	40
UNIDAD 8	**Viajes**	46
UNIDAD 9	**Encontrar trabajo**	52
UNIDAD 10	**Crimen y castigo**	58
UNIDAD 11	**El clima**	64
UNIDAD 12	**Arte y literatura**	70
TRANSCRIPCIONES		76
SOLUCIONARIO		81

1 Conocerse mejor

A ¿Eres solidario?

1 Escribe la pregunta correspondiente.

1 *¿En qué estás pensando?*
   Estoy pensando en qué voy a hacer estas vacaciones.
2 _____
   Este mantecado está hecho con harina, almendra y manteca de cerdo.
3 _____
   Al mes nos gastamos unos 300 € en comida.
4 _____
   Yo prefiero el sofá marrón, ¿y tú?
5 _____
   Normalmente no va a casa a comer, come en el comedor de la empresa.
6 _____
   Yo creo que al final solo van a la fiesta Pepe y Joana. Los demás no pueden.
7 _____
   Vamos a clase de yoga dos veces a la semana.
8 _____
   La comida preferida de mis hijos es la pasta. Les gusta de todas las maneras.
9 _____
   La verdad es que me da igual la marca de café que compres.
10 _____
   Yo creo que Luis y Rosa son amigos desde 1987.
11 _____
   Hoy están más baratos los tomates, a 2 € el kilo.
12 _____
   De todos estos cuadros, los que más me gustan son los de Pedro, tienen unos tonos violetas que me encantan.

2 De las preguntas siguientes, en nueve hay errores, búscalos y corrígelos.

1 ¿Qué marcas de detergente te ~~gusta~~ más?
                                  gustan
2 ¿Cuál de los dos hermanos vinieron anoche?
3 ¿Desde cuánto tiempo vives en esta ciudad?
4 ¿Cuántas veces al mes salís a cenar fuera de casa?
5 ¿Con quién has invitado a tu cumpleaños?
6 ¿En dónde pasea normalmente tu padre?
7 ¿Cuánto tiempo llevas esperando el autobús?
8 ¿Con cuál frecuencia vas a la peluquería?
9 ¿Cuánto tiempo llevaste saliendo con Laura?
10 ¿Cuánto tiempo desde que no has visto a tus hermanos?
11 ¿A quiénes alumnos les has dicho que vengan mañana a examinarse?
12 ¿Qué países del mundo te gustaría más visitar?
13 ¿A quién llamaron para sustituir a tu compañera Eulalia?

3 Relaciona cada adjetivo de carácter con su (casi) sinónimo.

1 extravertido
2 neurótico
3 cumplidor
4 retraído
5 irresponsable
6 competente
7 rebelde
8 cobarde
9 encantador
10 aprensivo

a capaz
b insensato
c desobediente
d trabajador
e neurasténico
f reservado
g abierto
h delicado
i miedoso
j agradable

4 Lee el artículo y completa cada hueco con una sola palabra.

¿Son extravertidos los españoles?

Los estereotipos nacionales <u>sobre</u> (1) personalidad son una falacia, según un macroestudio sobre 49 culturas publicado en *Science*.

¿Cómo es un español típico? Extravertido. Irresponsable, podríamos contestar. Etiquetas que nos colocan y con las _____(2) señalamos a nuestros compatriotas.

Pero no se corresponde con lo que somos, _____(3) un gran estudio que publica hoy la revista *Science* en _____(4) que se ha entrevistado _____(5) casi 4000 personas de 49 nacionalidades.

Según los datos del artículo, los españoles se creen poco responsables y _____(6) extravertidos. Pero son casi tan cumplidores _____(7)

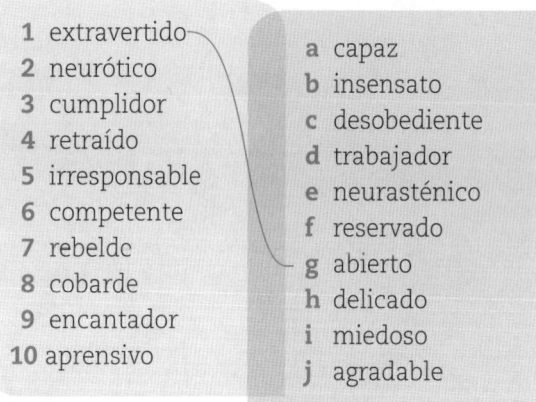

los alemanes o los suizos germanohablantes, que sí que piensan de _____(8) mismos que son muy competentes. Los ciudadanos españoles están entre los cinco que más se valoran como extravertidos (además de los habitantes de Puerto Rico, Australia, Nueva Zelanda y Serbia). En realidad, lo son _____(9) como los japoneses, que creen ser muy retraídos.

Los japoneses, por cierto, son _____(10) que ocupan los puestos más extremos en valoración negativa: están _____(11) los cinco países que se puntúan como más neuróticos (junto a Turquía, Polonia, Nigeria e Indonesia) y los cinco menos abiertos a la fantasía y los sentimientos, y también entre los escasamente cálidos y poco propensos _____(12) las emociones positivas.

"El objetivo de la investigación era saber _____(13) los estereotipos nacionales, es decir, lo que piensan los ciudadanos acerca de cómo es la personalidad del compatriota típico, tenían algo que ver con la personalidad real", reflexiona una psicóloga y profesora de la Universidad de Madrid. Los estereotipos sirven _____(14) atajos mentales, para hacer clasificaciones rápidas de las personas, pero son erróneos y peligrosos. Pueden constituir la base de los prejuicios. Se trata de fenómenos culturales que se transmiten _____(15) los medios de comunicación, la educación, las leyendas populares, y, por supuesto, los chistes.

1

B Aprender de la experiencia

1 Completa las conversaciones con los verbos del recuadro en el tiempo adecuado del pasado.

A.

> ir • estar • terminar • ~~ver~~
> preguntar • decir (x 2)

LOLA: Fernando, ¿sabes a quién <u>vi</u> (1) el otro día en el conservatorio?
FERNANDO: No, ¿a quién?
LOLA: A Marta.
FERNANDO: Sí, ¿y qué te _dijo_ (2)?
LOLA: Que ya _ha terminado_ (3) el Grado Medio y que se _iba_ (4) a dedicar a dar clases a niños. Por cierto, me _preguntó_ (5) por ti y le _dije_ (6) que _estabas_ (7) muy ocupado con la tesis.

C.

> pedir • tener • ~~enterarse~~ • decidir • pasar
> estar • dar • llamar

MARIBEL: ¿<u>Te has enterado</u> (1) de lo de Lucía?
ÁNGEL: No, ¿qué le _pasó_ (2) a Lucía?
MARIBEL: Pues que un día _decidió_ (3) dejar el trabajo que _había tenido_ (4) porque _estaba_ (5) muy harta de su jefe y _pidió_ (6) trabajo en esa empresa nueva de telefonía. A los pocos días le _llamaron_ (7) y después de dos meses, le _dieron_ (8) el puesto de directora de departamento.
ÁNGEL: ¡Qué bien! Me alegro por ella.

B.

> ser • venir • envenenar • ~~levantarse~~ • tener
> estar • terminar • acostarse (x 2) • poder

LOLA: ¿Todavía no te <u>has levantado</u> (1)?
ROSA: No, es que ayer _me he acostado_ (2) muy tarde porque _estuve_ (3) viendo una película en la tele.
LOLA: ¿Qué película?
ROSA: _Era_ (4) una de miedo. Un hombre a quien su mujer _envenenó_ (5) y _venía_ (6) cada noche a visitarla para recordarle su crimen.
LOLA: ¡Qué miedo!, ¿no?
ROSA: Pues sí. Cuando _terminó_ (7) la película y _me acosté_ (8), no _podía_ (9) dormir y _tuve_ (10) que tomarme un somnífero.

D.

hacer • ~~ver~~ • estar • denunciar • salir

LOLA: ¿Sabes a quién <u>he visto</u> (1) hoy en la puerta de un restaurante?
DAVID: ¿A quién?
LOLA: A Luis Prieto.
DAVID: ¿Y ese quién es?
LOLA: Sí, hombre, ese que estaba (2) varias veces en la tele, que hacía (3) varios reportajes sobre el calentamiento del planeta.
DAVID: Ah, ya caigo, el que denunció (4) hace un tiempo que una fábrica había salido (5) vertiendo sus residuos al río Guadiana.

2 Escribe el verbo en la forma adecuada del pasado.

1. Marimar, hace un rato _____ Pedro el del taller y _____ que ya _____ tu coche, que puedes ir a recogerlo. (*llamar, decir, arreglar*)
2. Esta mañana, cuando _____ de la panadería, _____ a Antonio que _____ un ramo de flores, yo creo que _____ para su mujer, Mariví. (*salir, ver, llevar, ser*)
3. El verano pasado Ricardo y Lola _____ de tren y _____ uno que _____ en dirección contraria. (*equivocarse, tomar, ir*)
4. A ¿Estás tomando café? Yo _____ que a ti no te _____ el café. (*pensar, gustar*)
   B Claro que sí, yo siempre _____ café después de comer. (*tomar*)
5. Como hoy _____ a Teresa tan contenta, _____ que _____ noticias de su hermano Enrique, el que está en Canadá. (*ver, pensar, tener*)
6. Ayer _____ un día estupendo y por eso Eduardo nos _____ ir a dar un paseo por El Retiro. (*hacer, proponer*)
7. La policía _____ en las últimas horas a tres delincuentes, miembros de una banda que _____ droga en un laboratorio clandestino. (*detener, manipular*)
8. _____ en el periódico que el alcalde de Getafe _____ un nuevo centro para los enfermos de Alzheimer. (*leer -yo-, inaugurar*)

3 Lee la experiencia que narra una persona que vivió la II Guerra Mundial cuando era niña. Subraya el verbo más adecuado.

Aquello <u>fue</u> / *era* tremendo. Yo *tenía / tuve* once años cuando *bombardearon / bombardeaban* nuestra casa. *Estaba / Estuvo* todo destruido y mi madre me *decía / dijo*: "Lucía, ahora te pido que por favor no hagas nada, no te muevas de aquí". Porque claro, como yo *era / fui* malísima... Así es que me *dejaban / dejaron* en pijama y con un abriguito por encima, sobre unos escombros. Y yo me *quedaba / quedé* quieta y *vi / veía* a todo el mundo, que *intentaba / intentó* recoger las pocas cosas que se *salvaban / habían salvado* del desastre.

Y lo *ponían / pusieron* todo encima de un carro y se *iban / fueron*... y cuando *estaban / estuvieron* a punto de desaparecer, a lo lejos me *di / daba* cuenta de que si no *corrí / corría* se marcharían para siempre. Entonces me *puse / ponía* a correr y *atravesaba / atravesé* ese campo lleno de agua y hierba, *crucé / cruzaba* todo eso y *conseguía / conseguí* saltar al carro por la parte de atrás y agarrarme a la cuerda que *sujetaba / sujetó* nuestros pocos enseres. A los diez kilómetros *oía / oí* a mi madre que *dijo / decía*: "Ostras, nos *hemos olvidado / olvidamos* de Lucía". Y yo *decía / dije*: "No, estoy aquí". Y mi madre *dijo / decía*: "Bueno, menos mal que *has hecho / hiciste* una cosa bien".

4 Esta es la biografía del famoso director de cine Pedro Almodóvar. Reescríbela en pasado.

Pedro Almodóvar

Nace en Calzada de Calatrava, provincia de Ciudad Real, en 1949. Cuando tiene ocho años, emigra con su familia a Extremadura. Allí estudia el Bachillerato.

A los 16 años se instala en Madrid con la intención de estudiar y hacer cine.

Al principio realiza múltiples trabajos temporales y más tarde, durante 12 años, tiene un trabajo fijo como administrativo en la Compañía Telefónica.

En esa temporada alterna su trabajo con otras muchas actividades: actúa en un grupo de teatro (Los Goliardos), escribe relatos cortos, realiza cortometrajes.

Gracias a unos pocos amigos que le financian, consigue dirigir su primer largometraje: *Pepi, Luci, Bom y otras chicas del montón*.

En 1982 rueda la segunda película, *Laberinto de pasiones*, que tiene una buena acogida entre el público. A esta le siguen *Entre tinieblas*, *¿Qué he hecho yo para merecer esto?* y *Matador*. En 1986 Pedro dirige *La ley del deseo*, que es financiada por su propia productora. En 1987, la comedia *Mujeres al borde de un ataque de nervios* se convierte en un éxito. Da la vuelta al mundo y es aplaudida tanto por la crítica como por el público. Recibe más de cincuenta premios y es nominada para el Óscar de Hollywood.

Mientras sigue el éxito de *Mujeres...*, Almodóvar continúa con su trabajo y rueda una nueva película: *Átame* (1989), en la que empieza a trabajar con Victoria Abril. La película arrasa en las taquillas españolas, casi un millón de personas acuden al cine a verla.

Siguen títulos como *Tacones lejanos*, *Kika*, *La flor de mi secreto*, *Carne trémula*. En 1999, *Todo sobre mi madre* se convierte en otro éxito en España y fuera de ella. Consigue el Óscar de Hollywood y es aplaudida en todas partes. También *Hable con ella*, de 2002, consigue un Óscar al mejor guion original.

En 2004 estrena *La mala educación*, y en 2006 aparece en las pantallas *Volver*, un filme donde el director rinde un homenaje a su tierra y a las mujeres que lo cuidaron en su infancia.

En 2009 presenta *Los abrazos rotos*, con la que es candidata a varios premios internacionales. En 2011 consigue el premio británico BAFTA a la mejor película extranjera por *La piel que habito*. Y en 2013, el director manchego regresa a la comedia con *Los amantes pasajeros*.

C Una época para recordar

1 En la siguiente actividad hay un fragmento de un ensayo donde la autora habla de la vida en los años 40 en España.
Antes de leer, relaciona las siguientes palabras con sus significados.

1 barruntos
2 pequeña pantalla
3 ceremonia
4 prolegómenos
5 saboreo
6 incidencias
7 parajes
8 delegación
9 contribuir
10 brechas

a ritual
b lugares
c presentimientos
d agujeros
e ayudar
f acontecimientos
g degustación
h preparación
i representación
j televisión

2 Ahora lee y reconstruye el texto colocando cada verbo en el hueco adecuado.

era (x 2) • iba (x 3) • entraba • se exhibían
contribuían • abría • consumía
tenían • ~~existían~~

En los años cuarenta, cuando no existían (1) ni barruntos del invento revolucionario que habría de meternos las imágenes en casa por la pequeña pantalla, ir al cine _____(2) la gran evasión, la droga cotidiana y constituía una ceremonia que hoy ha perdido toda su magia. Una chica nunca _____(3) sola al cine, de la misma manera que tampoco _____(4) sola en un café. Ir al cine _____(5) un ritual de grupo, en el que los prolegómenos _____(6) también su importancia, porque _____(7) al saboreo de la situación. Desde las sugerencias que proporcionaba el título de la película que se _____(8) a ver, intensificadas por la contemplación de las carteleras que _____(9) a la entrada con las escenas más emocionantes, hasta el momento de hacer cola para sacar las entradas, todo el grupo de amigas _____(10) varias horas a la semana comentando los preparativos e incidencias de aquel asunto, que tenía algo de excursión a parajes más o menos exóticos, donde se _____(11) a vivir por delegación una historia que _____(12) brechas en la rutina de la propia existencia.

Carmen Martín Gaite
Usos amorosos de la posguerra española. Ed. Anagrama

3 Completa cada frase con una palabra del texto anterior.

1 No pudimos ver el musical porque no encontramos _____.
2 El hijo de Virginia se cayó por la escalera y se hizo una _____ en la cabeza.
3 Este año mi empresa _____ con 3000 € con la campaña contra el cáncer.
4 El verano pasado estuvimos en un hotel que estaba en un _____ precioso, sin ruido ni contaminación.
5 Tenemos que cambiar de coche porque este _____ demasiada gasolina.
6 ¡Oiga usted!, si quiere sacar una entrada, póngase a la _____, como todo el mundo.
7 ¿Vamos al teatro? He visto en la _____ que ponen una obra de Federico García Lorca.

4 Escucha la entrevista que le hacen a una cantante de ópera y haz un resumen. Aquí incluimos las preguntas que le hace el periodista.

1 ¿Cómo empezó a cantar?
2 ¿Entonces se unió al coro para buscar amigos o su verdadero objetivo era cantar?
3 ¿Para usted qué significaba entonces su propia voz?
4 ¿Y qué pasó?
5 ¿Le gustan las dificultades?
6 ¿De dónde le viene la buena voz?

2 El futuro que viene

A Objetos imprescindibles

1 Mira las ilustraciones. Relaciona los dibujos con los nombres.

1 Plancha
2 Máquina de coser
3 Prismáticos
4 Peonza
5 Máquina de escribir
6 Molinillo
7 Tocadiscos
8 Cámara de fuelle
9 Quinqué
10 Balanza
11 Palmatoria

2 La mayoría de estos objetos solo se pueden adquirir en una tienda de antigüedades. ¿Para qué servían?

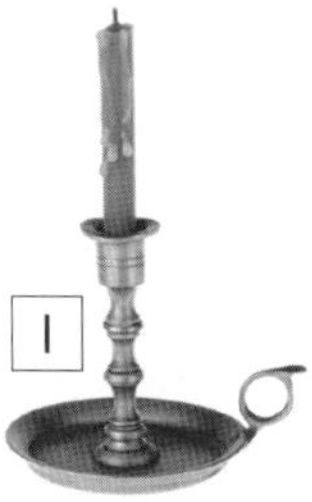

1 La balanza romana servía para *pesar los alimentos.*
2 La peonza servía para _____.
3 Los prismáticos servían para _____.
4 El molinillo servía para _____.
5 La máquina de escribir servía para _____.
6 El tocadiscos servía para _____.
7 El quinqué y la palmatoria servían para _____.
8 La máquina de coser servía para _____.
9 La cámara de fuelle servía para _____.
10 La plancha de fundición servía para _____.

3 Lee la siguiente noticia sobre la próxima feria SIMO Network y completa el texto con los verbos del recuadro conjugados en futuro.

> cerrar • ofrecer (x 3) • hacer • participar • tener • discutir (x 2) • dedicar • recibir • estar
> realizarse • exponer • ser (x 4) • enfocar • evaluar • poder • cargar • dar

Varios fabricantes expondrán sus soluciones y productos enfocados en el sector educativo

Los ordenadores ya no son el único elemento tecnológico que se utiliza en las aulas

Este año *SIMO Network*, la Feria Internacional de Servicios y Soluciones TIC para empresas, (1) _____ parte de su agenda a mostrar los últimos avances y soluciones tecnológicas enfocadas a la educación. La Feria tendrá lugar del 15 al 17 de octubre en el IFEMA (Madrid). *Dell*, *HP*, *Intel* o *Casio* son algunos de los fabricantes que (2) _____ sus productos para este sector. La Feria no trata solo de «stands» y *gadgets*. Varios expertos, (3) _____ charlas y conferencias sobre temas como «¿Cuáles son los equipos idóneos para el aula digital?».

Hace algún tiempo, en Holanda se inauguraron las «Escuelas Steve Jobs». Esto es un grupo de colegios donde se equipa a todos los alumnos de primaria con un iPad. Su intención es cambiar los patrones de enseñanza y aprendizaje existentes. Otro modelo de éxito de colegios «tecnológicos» es el de «Essa Academy» en Bolton, Reino Unido.

Este colegio cambió su infraestructura y modelo de enseñanza incorporando a fondo la tecnología. Todos los alumnos llevan iPads y no necesitan cargar con pesados libros al colegio. Los libros de texto obligatorios los tienen disponibles en una biblioteca virtual. Aunque también usan lápiz y papel para muchas tareas, los profesores utilizan aplicaciones durante sus clases para hacer la enseñanza más didáctica. Desde que aplican esto las notas de sus alumnos han mejorado.

Este (4) _____ uno de los temas que se (5) _____ el primer día de Feria en la conferencia: «La gestión del conocimiento en entornos educativos. Ejemplos reales de colegios excelentes». Javier Mateos, fundador de una compañía especializada en Educación, (6) _____ el encargado de ofrecer la charla.

Entre otras ponencias de importancia (7) _____ «Realidad aumentada, un aprendizaje conectado a la vida». Aquí se (8) _____ los beneficios de la realidad que aumenta en el ámbito escolar. Raúl Reinoso (*Aumenta.me*) y Esteban Anguita (*LabHuman*) (9) _____ demostraciones sobre el tema.

Además de Simo Educación, la feria también (10) _____ parte de su programa a la tecnología en la justicia. El Ministerio de Justicia (11) _____ el principal protagonista de esta sección y (12) _____ a conocer sus proyectos y soluciones.

El 17 de octubre las nuevas empresas, las «startups» (13) _____ su día. Cerca de 40 emprendedores con proyectos de base tecnológica, entre ellos *Floqq*, *Sonar Ventures* y *Momo Pocket*, (14) _____ entre ellos sobre sus ideas. Después de esto (15) _____ dos mesas redondas en las que se (16) _____ las ideas presentadas por las «startups».

Sebastian Murial, vicepresidente de *Tuenti* (17) _____ una clase magistral sobre el panorama de las empresas tecnológicas. El día (18) _____ con el premio a la «mejor idea tecnológica».

En total, 30 empresas ya han sido seleccionadas y solo 15 (19) _____ presentar su idea en una charla de diez minutos. El jurado, integrado por Pablo Martínez (*Todostartups*) y Juan Carlos Milena (*Minube*), entre otros, (20) _____ el encargado de seleccionar al mejor, que (21) _____ como premio 3000 euros, el asesoramiento de la Fundación madri+d y (22) _____ en el próximo Foro de Inversión madri+d.

(Extraído de: http://www.abc.es/tecnologia)

4 🔊 Escucha el documental que habla sobre los juguetes tradicionales y responde a las preguntas.

1 ¿En qué se diferencian los juguetes tradicionales y los juguetes modernos?
2 Según Mario Vázquez, ¿cuál es el inconveniente que supone el uso mayoritario de juguetes modernos?
3 ¿Qué capacidades se ven limitadas en los niños que juegan con juguetes modernos?
4 ¿Qué significa la frase "los niños son como esponjas"?
5 ¿Qué solución se da en el texto para fomentar la vuelta a la juguetería tradicional?
6 Piensa en un juguete que tenías cuando eras pequeño y descríbelo. ¿Para qué servía?

B La casa del futuro

1 Imagina los pensamientos o los diálogos de estas personas.

1 Una chica está estudiando para un examen. El examen es mañana a las cuatro de la tarde. Ahora mismo son las 9 de la noche y está a punto de ir a cenar…
 –Mañana, a estas horas, <u>ya habré terminado el examen</u>.

2 El responsable de una exposición que finaliza mañana y que tiene muchas ganas de terminar…
 –¡Mañana ya _____!

3 Una chica llama por teléfono a su mejor amigo. Le dice que ya está en la ciudad y que en veinte minutos estará en su casa. El amigo está cenando con sus padres.
 –Cuando Clara llegue, nosotros ya _____.

4 Una pareja de novios se casa el próximo mes de abril. El constructor de su vivienda les comunica que la obra no terminará hasta mayo.
 –Lo siento mucho. Cuando podáis entrar a vivir en la nueva casa, vosotros ya _____.

5 Una persona sale de su trabajo y se dirige al supermercado a hacer la compra. De camino se encuentra un atasco a causa de un accidente…
 –Cuando llegue al supermercado, ya _____.

6 Lucas quiere jugar con sus amigos al fútbol pero el partido es a las 10 y él tiene clase hasta las 12 (Les dice a sus amigos).
 –Cuando yo llegue, vosotros ya _____.

7 Un ejecutivo quiere celebrar el cumpleaños de su hijo en casa. Hoy tiene mucho trabajo y sabe que va a salir tarde, pero no quiere llegar después de que su hijo se acueste.
 –Cuando llegue a casa, mi hijo ya _____.

8 Pablo y Javier van al cine a ver una película que empieza a las 7. El metro sufre una avería y deciden coger el autobús.
 –Lo malo es que cuando lleguemos al cine, la película ya _____.

2 Completa el diálogo de dos personas que están haciendo conjeturas, con los verbos y las frases del recuadro. Utiliza el futuro.

> llorar • volver a suspender • quedar con alguien • entrar • reñir
> olvidar la llave • ~~irse~~ • perder a su madre • quedar grandes • adelgazar

1. **A** ¿Por qué se irá tan temprano?
   B Habrá _____ _____.

2. **A** ¿Por qué _____ _____ ese niño?
   B Habrá _____ _____.

3. **A** ¿Por qué le _____?
   B Habrá _____ _____.

4. **A** ¿Por qué no _____ en casa?
   B Habrá _____ _____.

5. **A** ¿Por qué le _____ los pantalones?
   B Habrá _____ _____.

3 Completa el texto con los verbos del recuadro en futuro.

> poder (x 4) • salir • contar • formar • valorar • vivir • llevar • ser (x 2) • multiplicarse
> permitir (x 2) • generar • crecer • haber • seguir

El futuro que viene

En dos décadas la esperanza media de vida aumentará diez años, muchas enfermedades genéticas se podrán prevenir y la biotecnología será una alternativa para acabar con la desnutrición en el tercer mundo.

SALUD, GENÉTICA Y NUTRICIÓN

Las enfermedades del corazón, del cerebro y el cáncer <u>seguirán</u> (1) siendo las que causen más muertes en los próximos 25 años, aunque _____ (2) espectaculares avances en su prevención. Según Ramón Cacabelos, director general de un Centro de Investigación Biomédica, muchas enfermedades se _____ (3) predecir con años de antelación. Obviamente no se _____ (4) eliminar todas las enfermedades genéticas, ya que están en nuestros genes, pero nuestros hijos sí _____ (5) saber con antelación si el hijo que van a tener será sano. Una gran revolución _____ (6) la tarjeta genómica. Antes de diez años, los bebés _____ (7) de la maternidad con su tarjetita genómica, personal e intransferible, que _____ (8) todo su código escrito en una especie de banda magnética. _____ (9) su tarjeta de visita cuando entren en un hospital.

FAMILIA, OCIO Y CIENCIA

A partir del año 2025 la población con más de 80 años _____ (10) por cinco y en 2050 nuestros mayores _____ (11) más de cien años. Los más optimistas afirman que este envejecimiento _____ (12) más y mejores puestos de trabajo para los jóvenes, lo que les _____ (13) tener una vivienda y formar una familia con mayor facilidad que ahora. Con ayuda de la inmigración, los índices de natalidad _____ (14).
El tiempo libre se _____ (15) cada vez más. Se irá imponiendo el nomadismo virtual, que _____ (16) viajar, hacer deportes o visitar museos sin salir de casa. Mónica Solé, científica, afirma: "En 20 años habremos entrado de lleno en la era de la tecnología, los robots _____ (17) parte de la vida, los ordenadores _____ (18) realizar el trabajo de once años en una hora. Los físicos teóricos _____ (19) con más detalle cómo se originó el Universo".

(Adaptado de AR revista)

4 Lee el siguiente texto y señala si las afirmaciones son verdaderas (V) o falsas (F).

LA CASA SOSTENIBLE

La casa sostenible ideal es una casa bioclimática, es decir, un edificio que aprovecha las condiciones naturales para disminuir todo lo posible las necesidades energéticas. A esta tendencia arquitectónica se la denomina bioclimatismo pasivo. El bioclimatismo activo es, por el contrario, el conjunto de sistemas que puede integrarse en una casa con el objeto de aumentar su eficiencia energética.

Antes del siglo XX, cuando la población se concentraba en las áreas rurales, casi todas las casas de este entorno seguían estos criterios; la gente vivía más en contacto con la naturaleza y había menos comodidades; para disponer de calefacción era necesario ir a recoger leña al bosque, y el campesino pronto aprendió –hemos tenido cientos de años para hacerlo– que necesitaba recolectar menos leña si orientaba la fachada principal de su casa hacia el sur, pues el sol da de esta forma todo el día y la temperatura en el interior durante el invierno es mucho más elevada que si se le da una orientación diferente.

Con el tiempo, las técnicas fueron perfeccionándose: arcadas en la parte frontal de la casa –paran el sol en verano pero lo dejan entrar en invierno–, tejados de césped, ventilación cruzada y otras técnicas que arquitectos bioclimáticos de hoy en día han rescatado de la memoria colectiva. Fue la industrialización, la construcción masificada de viviendas en el entorno urbano y la abundancia de recursos fósiles los que nos hicieron dejar de lado estas prácticas milenarias.

Esto, en referencia al bioclimatismo pasivo. Pero el desarrollo de la tecnología también nos ha abierto las puertas a otras ventajas: la creación de tecnologías basadas en las energías renovables, que antes no existían, como la energía solar térmica, que nos permite aprovechar el calor del sol para generar agua caliente y para la calefacción. La fabricación de pellets a base de residuos forestales y la optimización de las calderas que consumen estos combustibles también suponen un avance a nivel de eficiencia frente a su origen, el hogar de leña.

(Fuente: *http://www.lacasasostenible.com*)

1 El bioclimatismo activo consiste en aplicar sistemas a las viviendas para reducir su consumo energético. ☐
2 Si nuestra fachada está orientada hacia el norte, necesitaremos poner menos la calefacción. ☐
3 La industrialización ha hecho que olvidemos utilizar los recursos climáticos en la construcción de nuestras viviendas. ☐
4 Según el artículo, deberíamos volver al hogar de leña. ☐

C Me pone nerviosa que Luis no sea puntual

1 Lee el siguiente texto que hemos obtenido del diario de una joven española. Complétalo con el verbo y el tiempo adecuados.

24 DE MAYO

Cuando echo la vista atrás me doy cuenta de cómo ha cambiado todo y también de cómo he cambiado yo...

Antes me molestaba que mis hermanas (1) <u>se pusieran</u> (ponerse) mi ropa, en cambio, ahora, me encanta que (2) _____ (venir) a mi casa en busca de cualquier jersey o complemento. Recuerdo que me ponía muy nerviosa que (3) _____ (tocar) mis cosas y ahora echo de menos que no lo hagan.

¡Cómo cambia todo! Me da pena que (4) _____ (tener) que vivir en otra ciudad y que no las (5) _____ (poder) ver cuando quiero.

Recuerdo también que a mis padres les sacaba de quicio que (6) _____ (enfadarse) entre nosotras y ahora siempre nos están diciendo que les encanta que (7) _____ (llevarse) tan bien.

¡Qué cosas! La verdad es que me encanta que la gente (8) _____ (cambiar) y (9) _____ (evolucionar).

Estamos en un mundo lleno de cambios, ¡no íbamos a ser nosotros menos!

2 ¿Tú también has cambiado? Completa las frases.

1 Antes me molestaba que _____ y ahora no me molesta.
2 Cuando era pequeño/a, me ponía nervioso/a que _____ y ahora me encanta que _____.
3 Cuando iba al colegio, me sacaba de quicio que _____ y ahora me gusta que _____.
4 Antes me gustaba que _____ y ahora no.
5 Antes me daba pena que _____ y ahora ya no me da pena.

3 ¿Qué aparato o aparatos eléctricos utilizarías en las siguientes situaciones? Puedes utilizar el diccionario.

1 Me molesta que haga tanto calor: *un ventilador*
2 No soporto estar a oscuras porque necesito leer: _____
3 Me da pena no poder subir por las escaleras porque me he roto la pierna: _____
4 Quieren que madrugue mucho: _____
5 Me saca de quicio que se me enfríe la comida: _____
6 Me molesta que el agua no esté fría: _____
7 Me gusta que mi ropa esté limpia y seca: _____
8 Me da pena que no podamos hacer una mayonesa casera: _____
9 Me saca de quicio que mis padres tengan que lavar los platos: _____
10 Me da pena que no puedan asar un pollo: _____

4 Completa las siguientes frases conjugando el verbo que aparece entre paréntesis en futuro perfecto, futuro imperfecto o condicional.

1 El presidente del Gobierno ha anunciado que la Ley de Reforma Laboral *estará* (estar) lista en marzo.
2 El puente sobre el río Miño no se _____ (poder) inaugurar hasta 2020.
3 La alcaldesa aseguró que, si era reelegida, _____ (construir) más guarderías.
4 Ha subido el índice de obesidad de niños españoles. ¿_____ (Tener) solución?
5 ¿_____ (Terminar) las obras en Madrid cuando volvamos de las vacaciones?
6 A La grúa se ha llevado nuestro coche.
  B Lo _____ (tener) mal aparcado.
7 A ¿Qué hora es?
  B No lo sé. _____ (Ser) las once.
8 Los operadores móviles anuncian que _____ (aumentar) las tarifas.
9 La Xunta de Galicia _____ (expropiar) y _____ (comprar) terrenos para construir viviendas protegidas.
10 Cuando yo llegue, vosotros ya _____ (terminar) de ver la película.

5 Completa las siguientes frases con tus opiniones personales.

1 Me pone histérico que _____.
2 Me da asco que _____.
3 Me da miedo _____.
4 Me divierte que _____.
5 Me aburre que _____.
6 Me intriga que _____.
7 Me deja indiferente que _____.
8 No me afecta que _____.
9 Me saca de quicio que _____.
10 Me gusta que _____.

3 Comida y salud

A Vida cotidiana

1 En España se consumen muchas verduras y, además, las verduras son ingredientes de muchos de nuestros platos típicos. Para preparar los platos que siguen, ¿qué verduras se necesitan?

A) GAZPACHO

B) TORTILLA ESPAÑOLA

C) COCIDO MADRILEÑO

C) PAELLA

2 Lee el siguiente texto y después contesta a las preguntas.

FRUTAS Y VERDURAS, CINCO AL DÍA

Las verduras y hortalizas constituyen, junto con las frutas, una fuente primordial de vitaminas variadas, sales minerales, fibra y elementos antioxidantes. La deficiencia mantenida de muchos de estos nutrientes tiene relación directa con la aparición y desarrollo de algunas de las enfermedades crónicas de mayor incidencia en la edad adulta en la actualidad: aterosclerosis, diverticulitis, colon irritable, osteoporosis, anemias, cáncer, etc.

Sin ir más lejos, las vitaminas son sustancias que, en su mayor parte, el organismo no puede sintetizar y, aunque necesarias en muy pequeña cantidad, su ingesta inadecuada puede producir alteraciones funcionales, orgánicas y clínicas. Hasta hace unos años a las vitaminas se les atribuía un papel exclusivamente nutricional como elementos reguladores de los procesos metabólicos, entre otras funciones. En la actualidad se destaca su influencia en el freno del desarrollo de la mayor parte de las enfermedades crónicas.

(Extraído de *http://verduras.consumer.es*)

1 Además de las verduras y hortalizas, ¿qué otro alimento aporta vitaminas, sales minerales y fibra? <u>La fruta</u>
2 Nombra al menos dos de las enfermedades crónicas que pueden estar relacionadas con la falta de consumo de verduras.
3 ¿Qué puede producir el consumo inadecuado de verduras y hortalizas?
4 ¿Qué relación existe entre las vitaminas y las enfermedades crónicas?

3 Escucha este programa de radio donde dan consejos para tratar las verduras. Señala si las siguientes afirmaciones son verdaderas o falsas.

1. Lo más importante a la hora de preparar una receta es la calidad de los ingredientes. [F]
2. Para lavar la lechuga, deja las hojas en remojo unas horas con unas gotas de lejía. [ ]
3. Las zanahorias se deben pelar justo antes de su consumo. [ ]
4. Si añadimos un poco de limón o vinagre, evitamos la oxidación de las vitaminas. [ ]
5. Es mejor comer las frutas y verduras con piel para que conserven todas sus vitaminas. [ ]

B Cocinar

1 Rosa siempre está pensando en recetas diferentes y planeando cenas y comidas con sus amigos. Lee lo que Rosa iba pensando el otro día en el autobús y conjuga los verbos que aparecen entre paréntesis.

Cuando (1) _llegue_ (llegar) a casa, sacaré unos langostinos del congelador y prepararé una ensalada. En cuanto (2) _____ (tener) los langostinos descongelados, los (3) _____ (mezclar) con la pasta y los (4) _____ (aliñar) con aceite y vinagre.

¡No!, mejor no aliño la ensalada hasta que no (5) _____ (estar) en casa los invitados...

¡Sí!, tan pronto como (6) _____ (llamar) al timbre, la aliño y listo.

¡No sé!, ¡no sé!, tal vez no es una buena idea hacer otra vez la ensalada de langostinos... Cuando (7) _____ (invitar) a gente a cenar, siempre hago lo mismo...

Antes de (8) _____ (invitar) a mis amigos, debería preguntarles qué comida les gusta... ¿Y si no les gustan los langostinos?...

Tan pronto como (9) _____ (hablar) con ellos, tomo una decisión.

¡Sí!, creo que va a ser la mejor opción. Recuerdo cuando mi jefe me (10) _____ (invitar) a cenar y antes de que (11) _____ (llegar) el día me preguntó por mis gustos culinarios... ¡Qué atento fue! Además, en cuanto (12) _____ (hacer) el menor gesto de sorpresa, él me explicó que siempre lo hacía para poder acertar con el menú.

¡Sí! Me parece una idea excelente. Tan pronto como (13) _____ (poner) un pie en casa, los llamo por teléfono y así podré tener la información antes de que mi hermana (14) _____ (ir) al supermercado.

2 Relaciona.

1 picar
2 batir
3 remover
4 condimentar
5 dar la vuelta
6 pochar
7 hornear
8 hervir

a especias
b huevos
c cebolla
d leche
e tortilla
f pollo
g salsa
h zanahoria

3 Elige la forma adecuada del verbo.

1 Iremos a tu casa cuando *estarán* / *estén* listos.
2 No se movieron del sitio hasta que *lleguéis* / *llegasteis*.
3 En cuanto *podrás* / *puedas*, llámame.
4 Estuvo sentado hasta que *llegó* / *llegue* la comida.
5 Antes de que *llegarais* / *lleguéis*, ya os habíamos llamado varias veces por teléfono.
6 Lávate las manos antes de *coma* / *comer*.
7 Cuando *añadas* / *añadir* la sal, apaga el fuego.
8 Allí estaré tan pronto como *llamaréis* / *llaméis*.
9 Pidió la hoja de reclamación en cuanto *termine* / *terminó* de comer.
10 No eches el agua hasta que no *hierva* / *hierve* la salsa.
11 Llámame tan pronto como *llegas* / *llegues* a casa.
12 Apaga el ordenador cuando *acabéis* / *acabaréis* de ver ese vídeo.

4 Aquí tienes la receta de la paella valenciana. Completa la receta escribiendo la forma correcta de los verbos que aparecen entre paréntesis.

Paella valenciana

Echamos el aceite en el centro de la sartén, la nivelamos, encendemos el fuego y calentamos el aceite.

Cuando el aceite (1) <u>comience</u> (comenzar) a humear, incorporaremos el pollo y el conejo troceados y ligeramente salados, dorándolos cuidadosamente a fuego medio.

En cuanto la carne (2)_____ (estar) dorada, (3)_____ (añadir) la verdura troceada y la rehogamos unos minutos.

Hacemos un hueco en el centro de la paellera apartando la carne y la verdura. En este hueco incorporamos el tomate, lo sofreímos unos minutos y añadimos el pimentón. El fuego debe ser suave hasta que (4)_____ (añadir) el pimentón, porque si no, corremos el riesgo de que se queme y la paella resulte amarga.

Es el momento de verter agua hasta casi el borde de la sartén. Tan pronto como (5)_____ (echar) el agua, (6)_____ (añadir) algo de sal y la dejamos cocer unos 30 minutos, echando más agua si fuera necesario.

En cuanto (7)_____ (transcurrir) los 30 minutos, (8)_____ (incorporar) el arroz y agregamos el azafrán o el colorante sobre el arroz.

Cocemos a fuego muy fuerte durante 7 minutos aproximadamente, o hasta que el arroz medio cocido (9)_____ (comenzar) a asomar.

En este momento debemos bajar el fuego casi al mínimo y dejar cocer otros 4 o 5 minutos más.

Cuando ya (10)_____ (estar) lista, la retiramos del fuego y la dejamos reposar durante 5 minutos antes de servir.

5 Lee el texto y elige la opción adecuada.

Un experto y creativo de la cocina asegura que la cocina del futuro serán las pastillas

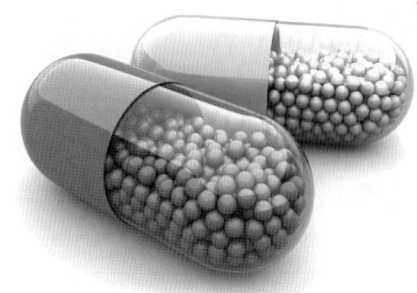

Marc Cuspinera, jefe de cocina del restaurante *El Bulli*, de Ferran Adrià, ha asegurado, durante una intervención en el Fórum de las Culturas de Barcelona 2004, que la cocina del futuro serán las pastillas. Uno de los retos, (1) <u>por otro lado</u>, de la alta cocina es encontrar productos naturales, frescos y salvajes.

La cocina del futuro, (2)_____ Cuspinera, tiende hacia los "platos preparados" a causa de las prisas y el estrés, "pero que sean buenos". El experto, (3)____, prefiere no imaginarse esa situación, y asegura (4)_____ que "llegaremos a comer pastillas, donde tendremos concentrados todos los nutrientes y sabores", como una pastilla de sopa de pescado, sugiere. (5)_____, lo que preocupa más al experto es la cocina de cada día. Según Cuspinera, "antes era un hecho social, pero ahora tenemos que buscar nuevas fórmulas a causa del ritmo de vida: ¿por qué no puede ser bueno un *fast food* si la carne es de buena calidad?", (6)_____.

Para Cuspinera, el reto de la alta cocina es el producto fresco y natural. "Proliferarán las piscifactorías porque actualmente ya no se encuentra pescado fresco para todo el mundo. Pero por suerte el mundo se ha hecho pequeño y un producto fresco de China que antes tardaba semanas en llegar ahora llega en 24 horas".

(Extraído de http://www.consumaseguridad.com)

1 ☐	**a** por otro lado	**c** además	**b** pues	**d** por el contrario
2 ☐	**a** por	**c** en	**b** según	**d** sobre
3 ☐	**a** sin embargo	**c** asimismo	**b** pues bien	**d** desde luego
4 ☐	**a** además	**c** al fin y al cabo	**b** pues bien	**d** a propósito
5 ☐	**a** Incluso	**c** Encima	**b** Mejor dicho	**d** A pesar de todo
6 ☐	**a** afirma	**c** exclama	**b** se pregunta	**d** se desdice

C Dolor de espalda

1 Relaciona las siguientes expresiones con su significado.

1 Dar pie. ☐
2 Por narices. ☐
3 Tener mucha cara. ☐
4 Como anillo al dedo. ☐
5 Salir por pies. ☐
6 Tener mala pata. ☐

a Sin otra alternativa.
b No tener vergüenza.
c Dar motivos a alguien para que actúe o hable de una forma determinada.
d Escapar deprisa de un peligro.
e Tener mala suerte.
f Muy adecuado.

2 Completa las frases con las expresiones anteriores.

1 Ella me <u>ha dado pie</u> para que actúe de esta manera.
2 Tengo que aprobar el examen _____.
3 Tu prima _____. Todavía no me ha pagado lo que me debe.
4 En cuanto llegó la policía, los ladrones _____.
5 ¡Pobre! Qué _____, se ha quedado otra vez sin trabajo.
6 Las vacaciones nos vienen _____ para estudiar para los exámenes.

3 Lee la siguiente entrevista con un médico sobre el dolor de espalda y completa las frases.

ENTREVISTA

¿Qué puedo hacer para sentir alivio cuando me duele la parte baja de la espalda?

La mejor posición para sentir alivio cuando hay dolor de espalda es acostarse de espaldas en el suelo con almohadas debajo de sus rodillas, con las rodillas y caderas dobladas y los pies sobre un asiento o simplemente con las rodillas y las caderas dobladas. Esto elimina la presión y el peso que recae sobre la espalda.

Si usted tiene que descansar, su espalda lesionada es probable que necesite de uno a dos días de este tipo de descanso. Descansar por más tiempo puede hacer que sus músculos se debiliten, lo cual puede retardar su recuperación. Incluso si le duele, camine durante unos pocos minutos cada hora.

¿Hay alguna cosa más que se pueda hacer para sentir alivio?

Las almohadillas calientes pueden ayudar a relajar espasmos musculares dolorosos. Use calor de 20 a 30 minutos cada vez. Las bolsas o empaques con hielo y los masajes también le pueden proporcionar alivio. También existen medicamentos que no requieren prescripción médica que disminuyen el dolor o la hinchazón, como la aspirina.

¿Cuándo se debe ir al médico?

Debe acudir al médico si el dolor le baja por la pierna hasta más abajo de la rodilla, si siente su pierna, pie o ingle entumecidos; si tiene fiebre, náuseas, vómitos, dolor de estómago, debilidad o sudoración; si pierde el control para ir al baño, etc.

Y para finalizar, ¿qué consejos me daría para prevenir la distensión de los músculos de la espalda?

No levante nada doblando el cuerpo hacia delante, levante un objeto doblando sus caderas y rodillas y luego agachándose en esta posición para levantar el objeto. Mantenga la espalda recta y sostenga el objeto cerca de su cuerpo. Evite doblar el cuerpo mientras levanta algo.

Si usted se tiene que sentar en el escritorio o en el asiento de su automóvil durante períodos de tiempo largos, tome descansos para estirarse.

Use zapatos planos o zapatos con tacones bajos; máximo de una pulgada (2,54 cm) de alto o menos.

Haga ejercicio regularmente. Un estilo de vida inactivo contribuye al dolor en la parte baja de la espalda.

1 Si te duele la espalda, *acuéstate* de espaldas en el suelo con almohadas debajo de tus rodillas.
2 Si os duele la espalda, _____ durante unos pocos minutos cada hora.
3 Si alguna vez les duele la espalda a tus hijos, _____ almohadillas calientes o _____ una aspirina.
4 Si el dolor te baja por la pierna hasta la rodilla, _____ al médico.
5 Si levantaras las cosas pesadas del suelo doblando las caderas y rodillas, no _____ problemas de espalda.
6 Si te _____ bien delante del escritorio, ahora no te _____ la espalda.
7 Si _____ ejercicio regularmente, te encontrarías mejor.

4 Construye frases condicionales a partir de los siguientes dibujos.

No llegar tarde / tomar el autobús.
Si no hubiera llegado tarde, habría tomado el autobús.

No saltarse un semáforo / no tener un accidente.
_____

Tener cuidado / el mono no comer su merienda.
_____

Traer paraguas / no estar aquí ahora.
_____

Tener dinero / comprar el collar.
_____

Dar prisa / la tienda no estar cerrada.
_____

5 Escribe el verbo en la forma adecuada y relaciona.

1 Si (tener, yo) *tuviera* más tiempo libre,
2 (Aprobar, yo) _____ el examen
3 Si (ahorrar, vosotros) _____ dinero cuando erais jóvenes,
4 (Meter, yo) _____ la pata,
5 Si (ir, nosotros) _____ al gimnasio,
6 Si (encontrarse, tú) _____ mal,
7 (Tener, tú) _____ mejor las manos
8 No (comer, ella) _____ eso
9 Te (dar) _____ tiempo a llegar
10 Si no (empinar, ellos) _____ el codo,
11 Si (ser, vosotros) _____ más listos,
12 Si (volver, yo) _____ a nacer,

a nos encontraríamos mejor.
b si hubieras salido antes del trabajo.
c leería más libros.
d no habrían tenido aquel accidente.
e si no te comieses las uñas.
f no os habrían tomado el pelo.
g no metería tanto la pata.
h ahora podríais compraros una casa.
i vete al médico.
j si supiese los ingredientes.
k si hincase más los codos.
l si le dijera que la quiero.

4 Socialización

A ¿Con quién vives?

1 Completa la columna de los sustantivos utilizando los sufijos del recuadro.

| -encia • -eza • -ción • -idad • -miento |

Verbos-adjetivos	Sustantivos
1 Presente	*presencia*
2 Atento	
3 Obeso	
4 Pensar	
5 Natural	
6 Hundir	
7 Ausente	
8 Cocer	
9 Puro	
10 Capaz	
11 Prudente	
12 Devolver	
13 Hábil	
14 Sentir	
15 Áspero	
16 Pobre	
17 Correr	
18 Legal	
19 Solucionar	

2 Completa las siguientes frases con sustantivos del ejercicio anterior.

1. La *obesidad* es una de las enfermedades más extendidas en los países ricos.
2. Para conseguir una buena paella la _____ del arroz debe hacerse a fuego lento.
3. La _____ de público obligó a suspender el acto.
4. No puede superar este examen. No tiene suficiente _____.
5. Los países ricos deben hacer un esfuerzo para sacar al Tercer Mundo de su _____.
6. Es un diamante de mucho valor. Tiene una gran _____.
7. Los _____ de Platón han llegado hasta nuestra época.
8. Hay que presentar el tique de compra para realizar la _____.
9. No acudió a la reunión aunque su _____ era imprescindible.
10. Leonardo Di Caprio protagonizó una película sobre el _____ del Titanic.
11. Hay que encontrar la _____ definitiva para este problema.
12. Para conducir con seguridad es necesario tener _____.
13. Es muy reservado. Nunca expresa sus _____.
14. Las últimas lluvias han provocado graves _____ de tierra.
15. El cambio climático está alterando los ritmos de la _____.

3 Completa el texto con sustantivos derivados de las palabras entre paréntesis.

Nervios ante los exámenes

Uno de cada cinco universitarios españoles siente niveles de ansiedad graves ante la (1) *realización* (realizar) de un examen. El 77% de las mujeres se encuentra ante la (2)_____ (necesitar) de un (3)_____ (tratar) para afrontar la ansiedad que les provoca la hoja en blanco frente a un 23% de los hombres. Estos datos provienen de un estudio titulado "Ansiedad ante los exámenes: una (4)_____ (evaluar) de sus (5)_____ (manifestar) en los (6)_____ (estudiar) españoles", recogidos en 16 universidades. Las chicas de Ciencias de la Salud entre los 19 y 20 años son las más afectadas por la ansiedad. La (7)_____ (preocupar) excesiva, los (8)_____ (pensar) negativos y la (9)_____ (inseguro) minutos antes de la prueba son sus principales enemigos.

4 Escucha la audición y di a qué personaje, Pilar o Esteban, corresponde cada una de estas afirmaciones.

1. Tiene hijos: _Pilar_
2. No tiene hijos: _____
3. Tiene pocos amigos: _____
4. Tiene muchos amigos: _____
5. Le gusta salir con sus amigos: _____
6. Le gusta charlar con sus amigos: _____
7. Es muy sociable: _____
8. Es menos sociable: _____

5 Escucha de nuevo y contesta a las siguientes preguntas.

1. Según el estudio australiano, ¿qué cosas mejoran con la amistad?
2. ¿A lo largo de cuántos años se estuvo haciendo el estudio?
3. ¿Qué edad tenían las personas encuestadas?
4. ¿En qué época de la vida interrumpió Pilar las relaciones con sus amigos?
5. En la actualidad, ¿por qué considera Pilar importantes a los amigos?
6. ¿Qué ha compartido Esteban fundamentalmente con sus amigos a lo largo de su vida?
7. ¿Qué es para Pilar un amigo?
8. ¿Qué es un amigo para Esteban?
9. ¿Qué tipo de actividades realiza Pilar actualmente con sus amigos?
10. ¿Qué tipo de actividades realiza Esteban actualmente con sus amigos?

B El amor eterno

1 Relaciona el principio con el final de cada frase.

1. Esta es la clínica...
2. ¿No es esta la casa...
3. No hay nadie...
4. ¿Has devuelto el libro...
5. ¿Es esta la joven...
6. No encontré ningún sitio...
7. Este es el compañero...
8. ¿No recuerdas el año...
9. Esta es la foto...
10. Estos son los amigos...

a ... del que sacaste la información?
b ... de quien te hablé.
c ... en el que se casó tu hermano?
d ... en la que nací.
e ... en la que vive Ángel?
f ... en quien se pueda confiar.
g ... en la que salgo con mis amigos.
h ... con quien he hablado por teléfono?
i ... con los que me voy de viaje.
j ... en el que se pudiera aparcar.

2 Une las frases para formar oraciones de relativo con preposición.

1. Vivo en una calle del centro. Es muy difícil aparcar.
   Vivo en una calle del centro en la que es muy difícil aparcar.
2. Este es el amigo de Arturo. Queríamos invitarlo a nuestra fiesta.
3. Estuvimos ayer con mi prima Rosa. Te hablé de ella en mi última carta.
4. Estuve en el campo de fútbol del barrio. Allí jugábamos de pequeños.
5. He encontrado una casa preciosa. Me gustaría vivir en ella.
6. Necesitamos una persona. Le encargaremos el cuidado de nuestros hijos.
7. Este es el problema. Ustedes querían hablar con él.
8. Esta es la empresa ideal. Me gustaría trabajar en ella.
9. Pasamos unas vacaciones en la playa. Toda la familia disfrutó muchísimo.
10. Son buenos jugadores. Se puede confiar en ellos para formar un equipo.

3 Completa las frases utilizando oraciones de relativo con preposición. Escribe las dos posibilidades, como en el ejemplo, cuando sea posible.

1. (La policía está buscando a un ladrón).
   "El Pera" podría ser el ladrón al que está buscando la policía.
   "El Pera" podría ser el ladrón a quien está buscando la policía.
2. (Alfonso trabaja en una empresa).
   Alianza es la empresa _____
   _____.
3. (Necesitamos un vehículo para hacer el viaje).
   Nuestro coche podría ser el vehículo adecuado _____.
4. (Irene estuvo casada con un alemán).
   He conocido al alemán _____
5. (Hablamos a diario con muchos clientes).
   Ustedes son algunos de los clientes _____.
6. (Estuve de vacaciones en un hotel).
   En esta foto se ve el hotel _____.
7. (Te dije que me iba a vivir a una casa nueva).
   Esta es la casa _____.
8. (María me presentó a un amigo suyo).
   Antonio es el amigo _____
9. (Comimos en un restaurante estupendo).
   Te voy a dar el teléfono del restaurante _____.
10. (Gasol juega en la NBA).
    La NBA es la liga _____.

4 Completa con los relativos correspondientes. Suele haber más de una opción.

1. A veces me pregunto qué será de mí el día <u>en que/en el que</u> me jubile o tenga una crisis de edad _____ te preguntas: ¿qué he hecho en mi vida?
2. Hay 23 mujeres en la alta dirección, _____ más de la mitad tienen hijos.
3. José es el hombre _____ quiero, y voy a casarme con él.
4. Aquella mañana _____ Paz llegó tarde a la escuela había soñado precisamente eso, que llegaba tarde a la escuela.
5. La protagonista de mi historia, _____ regalé el libro y _____ amaba profundamente, quedó condenada a no hacer nada más que leer novelas policíacas el resto de su vida.
6. Salieron a un gran patio _____ se alzaban cuatro edificios: la casa principal, el chalé de invitados, el granero _____ acababan de salir y el garaje de tres plazas.
7. Ricardo aparentaba ser un hombre _____ se podía confiar.
8. Cecilio estaba cansado de luchar. Recordó los tiempos _____ se esforzaba por sacar adelante el negocio.
9. Recibió un telegrama _____ le informaba del día y la hora de llegada del barco.
10. Estaban en el sótano de una casa _____ habían llegado después de una cuesta llena de barro.

5 Lee el texto y completa los huecos con las palabras del recuadro. Puede haber más de una opción.

> lo que (x 2) • ~~con la que~~ • con el que • a lo que • en las que • de quien
> a las que • a quienes • con quienes

¿Por qué se complica tanto el amor?

Hasta hace unos años, la felicidad del hombre consistía en casarse con una mujer (1) *con la que* tener hijos sanos y una casa bien organizada. Y la de la mujer, en tener un marido trabajador (2)_____ se pudiera decir que era un buen padre. Pero se ha producido un cambio trascendental: ahora se desea una plenitud emocional. Por eso, actualmente es más difícil amarse. Los jóvenes creen que una relación dura (3)_____ dura. Así, las parejas de ahora tienen más presente que existe la posibilidad de una separación, (4)_____ hace que se creen medidas de autoprotección.

Se piensa que cuando una pareja se casa después de haber convivido, este matrimonio está garantizado. Pero los sociólogos han comprobado que aquellos que se casan con personas (5)_____ ya han convivido previamente, tienen un riesgo de separación mayor que aquellas parejas (6)_____ la convivencia ha sido menor. ¿Cuál es la causa? Las parejas con convivencia previa suelen estar formadas por personas (7)_____ sobre todo les importa mantener su independencia. Son dos personas autosuficientes (8)_____ une el deseo de convivir, (9)_____ surge la pregunta: si son autosuficientes, ¿por qué quieren convivir?

Pero, a pesar del desconcierto, seguro que los hombres y las mujeres acabaremos por encontrar una solución. Hay una teoría en la que creemos: el único amor duradero es aquel (10)_____ se alcanza la propia felicidad procurando al mismo tiempo la del otro.

6 Elige la respuesta adecuada para las siguientes preguntas.

1 ¿Por qué afirma el texto que las relaciones de pareja han cambiado?
- [ ] a Porque las mujeres ya no quieren tener hijos.
- [ ] b Porque los maridos ya no son buenos padres.
- [ ] c Porque ambos miembros de la pareja desean una mayor intensidad afectiva en la relación.

2 ¿Por qué fracasan los matrimonios aunque hayan convivido previamente?
- [ ] a Porque no han convivido lo suficiente.
- [ ] b Porque su libertad individual está por encima de la pareja.
- [ ] c Porque es mejor casarse sin haber convivido previamente.

3 ¿Cuál considera el texto que puede ser la solución para la pareja?
- [ ] a Procurar una felicidad compartida.
- [ ] b Mantener nuestra independencia.
- [ ] c Renunciar a nuestra vida anterior.

C El deseo de ser padres

1 Lee el texto y di si las siguientes afirmaciones son verdaderas o falsas.

La aventura de los jóvenes inmigrantes españoles de buscar casa en Londres

Cada vez son más los jóvenes que finalizan sus estudios universitarios y deciden emigrar al extranjero. Según las estadísticas oficiales, solo en el último año, 97 000 de estos 'aventureros' han cruzado las fronteras nacionales en busca de una oportunidad laboral, al estilo de los españoles que viajaban a Alemania en los años 60. La diferencia es que hoy la necesidad de aprender inglés pone a la migración un enfoque más selectivo que hace cinco décadas. Londres reúne todos los encantos con los que sueñan la mayoría de jóvenes, atraídos por el idioma, la cercanía y el carácter cosmopolita. Tras lanzarse a dar este importante paso, llega la siguiente pregunta: ¿Cómo busco casa y qué voy a encontrar en el mercado inmobiliario del arrendamiento londinense?

Isabel y Elisa, dos estudiantes de 23 años recién licenciadas, decidieron hacer las maletas y poner rumbo a la capital inglesa. Aterrizaron allí hace tres meses. "Acababa de terminar mis estudios en junio y era o ahora o nunca. Para trabajar en cualquier cosa en España prefería irme fuera y mejorar al mismo tiempo mi inglés", asegura Elisa. Opinión que comparte la mayoría de los que se atreven a embarcarse en esta dirección, cuyo primer examen es el de encontrar un piso donde vivir.

¿Cuál es la manera más efectiva de buscar casa en un lugar desconocido? Para los que tienen cierta fobia a 'marcharse a la aventura', internet es una alternativa. Su fácil acceso e inmediatez permite la búsqueda y el alquiler de la vivienda antes de que uno ponga un pie en suelo extranjero.

Gonzalo, que reside en Londres desde hace unos años, utilizó en su día esta herramienta de búsqueda de casa una vez instalado allí. "Cuando vine, me quedé en casa de un amigo. Más tarde busqué mi piso a través de internet que es lo más rápido y eficaz", comenta.

Pero no todos parecen tan seguros. Carlos, que ya ha buscado piso muchas veces en España, se muestra crítico. "La situación inmobiliaria es un lastre social inexplicable. Parece enfermizo que la gente emplee un 60% de sus ingresos en vivienda", dice. Para Fernando, además de las dificultades universales, exis-

te una barrera extra a la hora de buscar piso en Londres: el idioma, que puede hacer la misión más complicada de lo que uno se planteaba inicialmente.

Con todas estas premisas (precio, demanda, idioma, transporte, gastos, etc.), buscar piso en Londres puede parecer, a simple vista, un reto complicado. Pero ningún 'aventurero' parece dudarlo: la experiencia de la nueva ciudad compensa el desafío.

(Diana Moreno. www.elmundo.es)

1 Los jóvenes españoles emigran por su espíritu de aventura. ☐
2 Los objetivos de los emigrantes en los 60 eran igual que en la actualidad. ☐
3 Isabel y Elisa acaban de finalizar sus estudios en la universidad. ☐
4 Ante la dificultad de encontrar alojamiento muchos jóvenes deciden quedarse en su país. ☐

2 Relee el texto y contesta a las preguntas.

1 ¿Por qué muchos estudiantes españoles deciden emigrar a Londres?
2 ¿Cuál es el primer problema que les surge antes de decidirse y cómo lo intentan solucionar?
3 ¿Por qué dice Carlos que la situación de la vivienda es un problema social?
4 Además del precio, ¿qué otro problema se encuentran al alquilar un alojamiento en Londres?

3 Subraya la opción más adecuada.

1. Está nublado. Yo creo que el / lo / él mejor es coger el paraguas.
2. A ¿A quién te referías, al chico de la chaqueta gris?
   B No, él / al / lo de la chaqueta verde.
3. No te creas todo el / él / lo que te digan.
4. Ayer vi a Ángel. No sabes el / lo triste que estaba.
5. Yo no estoy segura. El / Lo que él / el / lo vio todo fue Juan.
6. ¿Quién fue él / lo / el que tuvo la culpa?
7. ¿Quién es el / lo / él que más te preocupa?
8. ¿Qué es el / lo que más te preocupa?
9. Antes de hablar piensa en el / lo que dices.
10. No hagas caso a Rodolfo. ¿Quién es él / el / lo para decirte lo / él / el que tienes que hacer?
11. No pienses en el / lo caro que salga. El / Lo importante es que se resuelva el problema.
12. El / Lo / Él que dijo que no venía, ha sido el / lo primero en llegar.
13. El / Lo más importante no es llegar el primero, sino participar.
14. Dime el / lo que te dijo. Él / Lo es de fiar.
15. Parece que el / lo que te informó el / lo tiene muy claro.
16. ¿Te has enterado de el / lo que ha pasado?

4 Reescribe las siguientes frases como en el ejemplo.

1. Las amigas de Juanjo hablan mucho.
   No te puedes imaginar lo que hablan las amigas de Juanjo.
2. Cuando llego a casa del trabajo, estoy muy cansado.
   No sabes _____.
3. Me ha costado muy caro arreglar el coche.
   No veas _____.
4. Ayer por la noche llovía muchísimo.
   No te imaginas _____.
5. La última película de Almodóvar me gustó muchísimo.
   No te puedes imaginar _____.
6. Me salió muy bien el examen.
   No veas _____.
7. Tenía muchísimas ganas de verte.
   No te imaginas _____.
8. El año pasado te eché mucho de menos.
   No sabes _____.
9. Se ha enfadado muchísimo por lo que ha pasado.
   No te puedes imaginar _____.
10. Mi hermana se ha hecho una casa preciosa.
    No te imaginas _____.
11. El coche nos ha costado carísimo.
    No veas _____.
12. El polideportivo está muy lejos del hotel.
    No te puedes imaginar _____.

5 En cada una de las siguientes frases hay un error. Corrígelo.

1. No sabemos <u>de quien</u> confiar. *en quien*
2. Si necesitas dinero, yo puedo prestarte que quieras.
   _____
3. Andrés, ha venido un comercial quien pregunta por ti.
   _____
4. ¿A que no sabes el qué vimos ayer en el parque? A Pedro.
   _____
5. No sabes los diferentes que son los hijos gemelos de Andrea.
   _____
6. Tras un largo rato donde se dedicó a telefonear a sus amigos, se puso a escribir nombres en su cuaderno.
   _____
7. No hagas caso de que te dijo Marcelo, él no te conoce bien.
   _____
8. Ahora mismo no recuerdo el nombre de la empresa para que trabaja mi hermana.
   _____
9. ¿Te has fijado la guapa que está Montse con ese nuevo peinado?
   _____
10. ¿Te has enterado lo de Aurora? Parece que se va a Canadá con una beca importantísima.
    _____
11. Este es el restaurante el que celebraron mis tíos su boda.
    _____
12. Ahora bajaremos a la sala la cual están expuestas todas las esculturas.
    _____
13. Este es el pueblo el cual te hablé ayer.
    _____

5 Consumo

A La publicidad

1 Muchas veces la publicidad exagera o transforma la realidad y el producto que compramos no se corresponde con lo que aparece en el folleto publicitario. Cuando esto sucede, ponemos una denuncia. Lee el siguiente texto y completa los huecos con las palabras del recuadro.

> copias • ~~reclamación~~ • usuarios • elaboración
> datos • empresa • solución • establecimientos
> oficial • consumidor • motivos • tramitación

CÓMO PRESENTAR UNA DENUNCIA A CONSUMO

La Asociación General de Consumidores (ASEGECO) ante una (1) <u>reclamación</u> de un consumidor frente a un empresario propone lo siguiente:

<u>PRIMER PASO</u> Intentar llegar a una (2)_____ amistosa con el empresario.

<u>HOJA OFICIAL</u> Solicitar al empresario la Hoja de Reclamaciones (3)_____.

Por imperativo legal, los (4)_____ deben tener a su disposición un modelo específico de Hoja de Reclamaciones.

Esta tiene tres (5)_____: una para el empresario, otra para el consumidor y otra para el Ayuntamiento. Con esta queda constancia de los (6)_____ del reclamante y del reclamado, fecha y los (7)_____ de la reclamación.

La administración posteriormente se va a dirigir a la (8)_____ reclamada para intentar llegar a una solución, e informará al (9)_____ de los resultados de su mediación.

<u>ACUDIR A</u> El consumidor puede acudir a una organización de consumidores y (10)_____ para recibir información sobre los derechos que le asisten, beneficiarse de una asistencia en la (11)_____ de escritos de reclamación así como en la (12)_____ de procedimientos judiciales o arbitrales.

(Adaptado de Latino)

2 Lee lo que dice un importante publicista acerca de la importancia de las fases de un anuncio publicitario y señala si las afirmaciones son verdaderas (V) o falsas (F).

LAS FASES DE UN ANUNCIO PUBLICITARIO

Los anuncios tienen diferentes fases a tener en cuenta para hacer efectivo el modo en el cual se quiere comunicar el mensaje. Para ello, antes de realizar un anuncio publicitario hay que pensar el mensaje que se va a comunicar, a través de qué medio (verbal, escrito, etc.) y durante qué plazo de tiempo.

Según estas pautas, obtenemos las siguientes fases de un anuncio:

- En anuncios de productos culinarios, es más efectivo mostrar el plato completamente acabado, que no los elementos (los ingredientes) que lo forman.
- Si se utilizan personas en el anuncio, se optará por escoger personajes famosos, pues incrementan el nivel de captación y atención del producto publicitado.
- La composición del anuncio deberá ser lo más simple posible y que este incluya una sola figura, para captar el centro de atención.
- Los colores que emplearemos en el anuncio juegan un papel muy importante, porque llaman la atención y hacen que se fijen en el anuncio.
- Algunos temas de la historia resultan aburridos, con lo que es mejor optar por animales, bebés o imágenes de contenido "erótico", que es lo que agrada al público.
- En lo que se refiere a modelos humanos, el rostro nunca se representará más grande de su tamaño natural.

(Adaptado de www.fotonostra.com)

1 Para que los anuncios sean efectivos es imprescindible que cumplan ciertas fases. ☐
2 En los anuncios relacionados con las comidas es imprescindible que aparezcan los ingredientes. ☐
3 La razón por la que se eligen personas famosas para los anuncios es porque el público así lo demanda. ☐
4 Cuanto más elaborado es un anuncio mejor es su calidad. ☐
5 El papel más importante en un anuncio es el desempeñado por los colores y los animales. ☐

3 A continuación te presentamos unos eslóganes de diferentes productos. Tú has comprado esos productos pero no se ha cumplido el eslogan. Quéjate a un amigo/a.

A

"El algodón no engaña"

En el anuncio decía que el algodón no engañaba, pero yo he limpiado mi cocina con ese producto y no me ha quedado muy limpia.

B

"No compre sin ton ni son, compre Thomson"

_____
_____

C

"Preocúpate de nada"

_____
_____

D

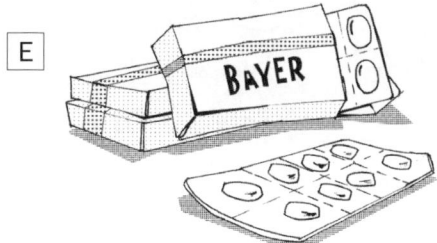

"Llévate tu tarifa nacional al extranjero por solo 0,99 € más por llamada"

_____
_____

E

"Si es Bayer, es bueno"

_____
_____

F

"Siguen alumbrando cuando otras se queman"

_____
_____

4 Completa los siguientes diálogos.

A

DIÁLOGO DE UNA PAREJA DE NOVIOS:

Adrián: ¿Vienes al cine esta noche?
Paula: No. No me gusta ninguna de las películas que ponen y además no me encuentro muy bien, me duele la cabeza y tengo escalofríos.
(10 minutos más tarde Paula se encuentra con su amiga María)
Paula: ¿Sabes María?, Adrián me ha invitado al cine esta noche…
María: ¿Y qué le has dicho?
Paula: Que no, que no me gustaba _____
_____
_____

C

DOS AMIGOS:

Marina: ¿Te puedo pedir un favor?
Lucas: Claro.
Marina: Necesito que vayas a mi casa y que me traigas los apuntes que dejé encima de la mesa. Es un trabajo muy importante para la profesora y lo tengo que entregar hoy.
(Quince minutos más tarde Lucas se encuentra con un amigo…)
Amigo: ¿Adónde vas con tanta prisa?
Lucas: Es que Marina me ha pedido que _____
_____
_____

B

POR LA CALLE. DOS AMIGOS CAMINAN Y UNO PREGUNTA POR UNA DIRECCIÓN A UN DESCONOCIDO…

A: Disculpe, ¿para ir a la calle Ramón González?
B: Sigan todo recto y giren a la izquierda en la segunda calle. Caminen un poco más y cuando encuentren una pastelería vuelven a girar a la izquierda y ya la encontrarán.
(Uno de los amigos le pregunta al otro)
C: ¿Qué te ha dicho?
A: Que _____
_____
_____

30 treinta

5 Escucha a las siguientes personas hablar sobre su situación actual y sus hipotecas. Contesta a las preguntas.

1. ¿Qué otros gastos preocupan a Isabel y a José Ángel, además de la subida de su hipoteca?

2. ¿Qué temor tienen Isabel y José Ángel?

3. ¿Qué les ha ayudado a Isabel y a José Ángel a lanzarse a la compra de la casa?

4. ¿Qué significa "a salto de mata"?

5. ¿Crees que María y Juanjo son unos despilfarradores?

6. ¿Por qué no son capaces de ahorrar María y Juanjo?

B Dinero

1 Lee el siguiente artículo y completa los huecos con una de las palabras o expresiones del recuadro. ¡Cuidado! Hay más palabras que huecos.

ajustado • retrato • pago al contado • dificultades
mientras • triángulo de equilibrio • visión
mascotas • por • encima • prioridad • bienestar

Madrid. (Efe). Siguiendo la regla de que las personas valoran siempre aquello que no tienen, el dinero es, en época de crisis, la (1) _____ principal de los españoles para conseguir la felicidad, aunque a pesar de las dificultades económicas más de la mitad de la población se sigue declarando satisfecho con su vida.

Y es que la salud y el amor siguen siendo también factores determinantes para que, junto con el dinero, las personas conformen un (2) _____ que les aporte esa sensación de (3) _____ que se traduce en felicidad.

Estas son las principales conclusiones del segundo informe de la felicidad presentado hoy miércoles:

Un 54 por ciento de los españoles sigue declarándose feliz con su vida, una cifra que ha aumentado dos puntos con respecto a los últimos años porque, según Chagaceda, la gente ya ha (4) _____ sus expectativas económicas a la situación actual.

Lo que sí ha variado en estos últimos años es el orden de las prioridades de los ciudadanos para ser feliz: (5) _____ hace unos años la salud (37%) era el ingrediente principal en esta receta, seguido de amor (32%) y dinero (17%), en 2013 este último sobresale por encima de los demás (36%).

Este (6) _____ de la felicidad dibuja a un español feliz –no hay diferencia entre hombres y mujeres– de entre 26 y 35 años (26%), con pareja (81%), que trabaja actualmente (63%), que vive en compañía de sus hijos (48%) y con (7) _____ en casa (56%) y con una alta confianza y seguridad en sí mismos (74%).

Y son los extremeños, aragoneses, navarros y cántabros los que se consideran más felices, aunque el resto de comunidades autónomas también se sitúan (8) _____ del 50 por ciento.

Ser feliz ayuda a tener una (9) _____ más positiva del futuro y por ello el 67% cree que su situación personal irá a mejor o seguirá igual en los próximos meses, el 74% está convencido de que el futuro le traerá más cosas buenas que malas y el 43% opina que la situación económica de España mejorará el próximo año o se mantendrá igual. "Somos pesimistas a nivel general, pero optimistas en lo nuestro", ha advertido Chaguaceda.

(Adaptado de http://www.lavanguardia.com)

2 Relaciona.

1 Interés — a variable
2 Hipoteca — b hipotecario
3 Préstamo — c base
4 Sueldo — d en blanco
5 Cheque — e corriente
6 Descuento — f de crédito
7 Factura — g del 40%
8 Cuenta — h electrónica
9 Resguardo — i joven
10 Tarjeta — j de matrícula

3 Transforma en estilo indirecto estas frases.

1 "¡Ojalá me toque la lotería!".
   David dijo que *ojalá le tocara / tocase la lotería*.
2 "El director de la empresa ha fallecido".
   En la TV han informado de que _____.
3 "No soportamos que la gente fume en los pasillos".
   Lourdes y Miguel se quejaban de que la gente _____.
4 "Lávate los dientes".
   Manuel le pidió a su hija que _____.
5 "No se puede copiar".
   Pilar ha prohibido que _____.
6 "Acérquense y miren los nuevos productos".
   El vendedor sugirió que _____.
7 "Hay que ahorrar más para levantar la economía".
   El presidente del Gobierno instó a los ciudadanos a que _____.
8 "¡Cuantas más estrellas haya más gente pensará en mí!".
   ¿Recuerdas aquella canción que decía que _____?
9 "Mañana finaliza el plazo de inscripción".
   La carta de ayer advertía que _____.
10 "Vosotros seréis mis sucesores".
   Mi tío nos aseguró que _____.

C Comercio justo

1 Completa las siguientes secuencias con el adjetivo adecuado. El adjetivo se forma con un sufijo.

1 una mayoría (que aplasta) *aplastante*
2 comida (que abunda) _____
3 un caballero (que anda) _____
4 un platillo (que vuela) _____
5 un tipo (que repugna) _____
6 un calor (que agobia) _____
7 el agua (que corre) _____
8 el sol (que nace) _____
9 una medida (que urge) _____
10 una persona (que cree) _____
11 un profesor (que exige) _____
12 una belleza (que difiere) _____
13 un punto (que coincide) _____
14 un rotulador (que permanece) _____
15 un dolor (que preocupa) _____

2 El sufijo -oso/-a/-os/-as puede presentar las variantes -uoso/-a/-os/-as o la variante -uso/-a/-os/-as. Escribe los adjetivos correspondientes. Consulta tu diccionario.

1 lujo: *lujoso*
2 confusión: _____
3 afecto: _____
4 vista: _____
5 majestad: _____
6 crema: _____
7 capricho: _____
8 agua: _____
9 defecto: _____
10 animación: _____
11 monstruo: _____
12 difusión: _____
13 virtud: _____
14 ruido: _____
15 ímpetu: _____

3 Completa la columna de los adjetivos utilizando los sufijos del recuadro.

-ble/-es • -ico/-a/-os/-as • -al/-ales
-oso/-a/-os/-as • -ivo/-a/-os/-as • -nte/-es

	SUSTANTIVOS	ADJETIVOS
1	lavar	lavable
2	dolor	
3	escalofrío	
4	arcilla	
5	asma	
6	verde	
7	cáucaso	
8	cantar	
9	afecto	
10	teatro	
11	año	
12	amor	
13	olor	
14	trópico	

4 Construye frases con cada uno de los adjetivos resultantes en el ejercicio anterior.

1 *He comprado un sofá con una funda lavable.*
2 _____
3 _____
4 _____
5 _____
6 _____
7 _____
8 _____
9 _____
10 _____
11 _____
12 _____
13 _____
14 _____

5 Completa las frases con el adjetivo derivado de los verbos o sustantivos del recuadro.

educar • calor • celos • independencia
horror • penetrar • profesión • poder
comprender • ~~lavar~~

1 La funda nórdica que has comprado no es *lavable*.
2 Este verano ha sido uno de los más _____ que yo recuerdo.
3 Es muy _____ en su trabajo. Siempre se puede contar con él.
4 Es un niño muy _____. No hay que estar detrás de él.
5 El examen ha sido _____. Yo creo que lo voy a suspender.
6 El político del que te hablé es uno de los hombres más _____ del país.
7 ¡No puedes hablar con nadie! Yo creo que tu novio es demasiado _____.
8 Me molesta mucho ese olor. Para mi gusto, es demasiado _____.
9 Le compré un cuento a mi sobrina porque me parece más _____ que una muñeca.
10 Es un jefe muy _____. En cuanto le explicaste el problema, te dejó salir del trabajo

6 Lee los consejos y señala cuáles cumples habitualmente. Coméntalos con tu compañero.

• *Yo, normalmente, antes de ir a comprar hago una lista de lo que necesito.*
■ *Yo solo lo hago cuando voy al supermercado.*

CONSEJOS PARA UN CONSUMO RESPONSABLE

La organización Ecologistas en Acción ha publicado una serie de consejos para un consumo responsable en fiestas y celebraciones; son estos:

1. Antes de comprar algo, reflexiona detenidamente si realmente lo necesitas o si solo te estás guiando por la publicidad.
2. Si te decides a comprar algo, averigua muy bien de qué materia prima se fabrica, en qué forma su proceso de manufacturación impacta al medioambiente y si genera algún daño o Injusticia social.
3. También considera qué impacto al medioambiente tiene el uso de lo que piensas comprar.
4. Cada vez que compres algo, debes pensar en los residuos y la basura que genera.
5. Evita los productos de "usar y tirar", si no son estrictamente necesarios.
6. Rechaza las bolsas de plástico que dan en supermercados y comercios; si puedes, lleva tus propias bolsas de tela, de papel o de cartón.
7. Compra el contenido y no el envase. Muchas veces se paga más por los envoltorios que se tiran directamente a la basura que por el contenido.
8. Recicla antes que comprar, muchas de las cosas que están para tirar pueden volver a utilizarse de otras maneras y formas, usa tu imaginación.
9. Evita las latas y los productos muy envasados. Las fiambreras y los tarros de cristal son una forma más ecológica que guardar los alimentos en plástico y aluminio.
10. Elige productos con envases retornables o reutilizables.

(Fuente: http://www.vivosano.org/es)

6 Medios de comunicación

A La televisión

1 Conjuga los verbos que aparecen entre paréntesis.

1. Tienes que estudiar más para <u>aprobar</u> (tú, aprobar).
2. No me vuelvas a contar mentiras para que te _____ (yo, perdonar).
3. No os presentasteis en la fiesta con el fin de que os _____ (ellos, echar de menos).
4. Paramos en mitad de la carretera con el fin de _____ (nosotros, evitar) un accidente.
5. ¿Que te llamó para que le _____ (tú, decir) dónde estaba su libro? No me lo puedo creer.
6. Tus amigos nos invitaron precisamente con el objeto de que no _____ (nosotros, ir).
7. Llámale y díselo para que no _____ (él, comprar) nada.
8. Si pretendes encontrar algo que has perdido, es mejor no buscarlo para _____ (encontrarlo) más rápido.
9. Tú no tienes la razón ni la tendrás, que _____ (tú, enterarse).
10. Él vino a _____ (hablar) contigo.
11. Harías lo que fuese con el fin de _____ (ganar) más dinero.
12. No se lo digas hasta que lo tengas delante para _____ (nosotros, poder) ver su cara.
13. Le cosió el bajo del pantalón para que no lo _____ (arrastrar).
14. Las medicinas os las dieron con el fin de que _____ (vosotros, curarse).
15. Os hemos comprado un vale que podréis utilizar para _____ (vosotros, relajarse) en un balneario durante un fin de semana.

2 Relaciona. Alguna frase puede tener más de una solución.

1. Marina llamó a sus padres… ☐ *e*
2. Salimos a la calle… ☐
3. Recuerdo que escondí el diario… ☐
4. Daréis una fiesta en la urbanización… ☐
5. Se han apuntado al gimnasio… ☐
6. Carmen, grita, … ☐
7. No me vuelvas a llamar… ☐
8. Sofía salió corriendo… ☐

a … con el objeto de que mis hermanos no lo encontrasen nunca.
b … con el fin de adelgazar.
c … para ver cómo llovía.
d … para que vayan todos los vecinos.
e … con el fin de que le dejaran más tiempo.
f … a ver qué pasaba.
g … que te oiga todo el mundo.
h … para que te saque las castañas del fuego.

3 Escribe un final para estas frases utilizando *para (que), con el fin de (que), con el objeto de (que), que*.

1. Te llamé esta mañana _____ _____.
2. Le dio una patada a la pelota _____ _____.
3. Tendrían que mandar un correo _____ _____.
4. Es conveniente que dejen de ver tanta televisión _____.
5. Me sorprende que digas eso _____ _____.
6. Jamás te lo conté _____ _____.

4 Lee el siguiente texto sobre los inicios de la televisión en España y señala si las siguientes afirmaciones son verdaderas (V) o falsas (F).

El nacimiento y la llegada de la televisión

El 28 de octubre de 1956 comenzaron oficialmente las emisiones regulares en España. Los programas inaugurales se iniciaron a las 20:30 y el contenido consistió en la retrasmisión de una misa, unos discursos oficiales, la exhibición de dos entregas del NO-DO[1], unos reportajes filmados y las actuaciones de unas orquestas y de los 'Coros y Danzas falangistas[2]'. Las emisiones se hacían desde un chalé del Paseo de la Habana madrileño que disponía de un minúsculo plató de unos cien metros cuadrados. Durante casi tres años TVE fue una televisión local con ámbito de cobertura limitado exclusivamente a la ciudad de Madrid.

Dos años y medio más tarde, en febrero de 1959, coincidiendo con un partido de fútbol Real Madrid - F.C. Barcelona se estrena el servicio en las ciudades de Barcelona y Zaragoza. A pesar de que parece una exageración, la prensa de la época subrayó que se acabaron todos los televisores que estaban a la venta en la Ciudad Condal.

La expectación, ya al margen del fútbol, de 'la noche del estreno' se repitió en todos los sitios. Entre muchos ejemplos puede citarse la narración que el escritor leonés Julio Llamazares hace en uno de sus libros sobre la catarsis que supuso a los habitantes de su pueblo la visión de los primeros programas de televisión en 1963.

Los argumentos explicativos del éxito de la televisión son diversos pero, al margen de los deseos de la industria electrónica o del poder político, quizá se encuentren el que la pequeña pantalla parece satisfacer una demanda mayúscula de ocio cuasi gratuito y doméstico no satisfecha completamente por otras formas de entretenimiento social.

Muchos comentaristas de prensa, por lo menos hasta 1960, dudaban de que la televisión se consolidara en nuestro país. Las gotas de escepticismo llegaban hasta voces autorizadas: Enrique de las Casas, jefe de programas de TVE y más tarde director de la primera cadena, escribió en 1959 que "no olvidemos que por una serie de razones etnológicas y definitorias, el pueblo español no parece ser un consumidor nato de TV. Ni el clima, ni el estilo de vida, ni las cualidades imaginativas de la gran masa española parecen hacer de ella un buen cliente para la TV". Claramente el excelente profesional se equivocó en sus predicciones.

[1] NO-DO: noticiero que se proyectaba obligatoriamente en todos los cines españoles antes de la película en sí, entre 1942 y 1981.
[2] Falangistas: pertenecientes a la Falange Española, partido político de ideología fascista y nacionalsindicalista, fundado por José Antonio Primo de Rivera en 1933.

(Adaptado de http://recursos.cnice.mec.es)

1 Uno de los primeros programas que los españoles pudieron ver en la televisión fue de contenido religioso. ☐

1 Lo primero que los madrileños pudieron ver en la televisión fue un partido Real Madrid-Barcelona. ☐

3 Con motivo del partido del Real Madrid - Barcelona, se agotaron los televisores que había en venta en Barcelona. ☐

4 La llegada de la televisión forma parte, incluso, de la obra literaria de Julio Llamazares. ☐

5 El triunfo de la televisión se debe fundamentalmente a su diferencia con otro tipo de pasatiempo. ☐

6 Al principio, algunos periodistas eran reacios al éxito de la televisión. ☐

B Series de televisión

1 Elige la opción más adecuada.

1. Industria multa a Telefónica _____ sus cabinas no devuelven cambio.
   - ☐ porque ☐ a causa de ☐ por

2. No te lo diré, _____ estoy muy enfadada contigo.
   - ☐ como ☐ que ☐ pues

3. Le quitaron el carné _____ perder todos los puntos.
   - ☐ puesto que ☐ por ☐ porque

4. Dejaré de trabajar _____ el embarazo.
   - ☐ a causa de ☐ ya que ☐ puesto que

5. _____ hemos terminado pronto, podremos ir al cine.
   - ☐ Como ☐ Por ☐ A causa de

6. _____ lo prometiste, ahora tienes que hacerlo.
   - ☐ Por ☐ Ya que ☐ A causa de

7. _____ has bebido, es mejor que no conduzcas.
   - ☐ Puesto que ☐ Por ☐ A causa de

8. ¡Ten cuidado, _____ te puedes hacer daño!
   - ☐ que ☐ a causa de ☐ por

9. _____ haya suspendido no va a pasar nada.
   - ☐ Porque ☐ A causa de ☐ Puesto que

10. No _____ hagas mucho deporte vas a adelgazar.
    - ☐ porque ☐ por ☐ pues

11. Cómpraselo, _____ lo necesita.
    - ☐ ya ☐ pues ☐ por

12. _____ no vamos a salir, puedes quitarte las botas.
    - ☐ A causa de ☐ Como ya ☐ Porque

2 Lee el texto y completa con las palabras o expresiones del recuadro.

> chistes a granel • ~~epidemias~~
> que les aproveche • bucle de perversiones
> soplaron las velas • fiebre • unos niveles de
> de un solo tiro • caldo consumista

Bárbaros

La programación infantil padece dos (1) *epidemias* publicitarias simultáneas: imponer "Halloween" como tradición local y preparar el (2)_____ de Navidad. La industria del juguete presenta productos continuistas y alguna variación. Por ejemplo: un muñeco que, para poder ser feliz, necesita abrazar un osito de peluche. Es un modo sutil y perverso de vender dos muñecos (3)_____ y no se descarta que el año que viene el osito abrazado exija algún muñeco abrazable para completar este (4)_____.

Menos mal que entre este alud de anuncios, a veces aparece alguna serie edificante. TVE emite *Dave el bárbaro*, unos dibujos animados con una estética parecida a la de los celebrados *Megabebés*, en la que los bárbaros demuestran ser bastante sensatos. El sábado, los bárbaros recibían la visita de un monologuista de la comedia del futuro y comprobaban hasta qué punto pueden ser cargantes los (5)_____.

Por otro lado, tenemos la actual edición de *Gran Hermano*, que también padece la histérica (6)_____ de Halloween y en la que los concursantes están dando muestras de (7)_____ barbarie muy preocupantes.

En cuanto a la celebración de los 50 primeros años de RTVE, tuvo, además de un necesario *Informe Semanal*, otro momento infantil en el Telediario del sábado. Sus presentadores, sonrientes e ilusionados, (8)_____ de un pastel que, en este caso, no tenía ninguna dimensión metafórica. (9)¡_____!. El regalo de la casa es su anuncio conmemorativo, que apela al lado más nostálgico de la marca con una factura impecable.

(Adaptado de *El País*. Sergi Pámies)

3 Completa con el verbo adecuado.

1. No ha llamado porque <u>estabais</u> (estar, vosotros) viendo la televisión.
2. Ana llamó al médico por teléfono no porque _____ (tener) miedo, sino porque _____ (estar) preocupada.
3. No quedes con ella porque te _____ (dar) pena. Es peor para los dos.
4. Lo hago porque _____ (querer, yo).
5. Ya que me _____ (llamar, tú), saldré un rato contigo.
6. Puesto que me lo _____ (decir, tú), no te reñiré tanto.
7. Porque _____ (ser) de otra ciudad, no deberías tratarlos así.
8. Lo sé porque lo _____ (ver) dejar el coche delante de tu casa.
9. No iré a tu casa, no porque _____ (ser) tarde, sino porque _____ (tener) mucho trabajo.
10. La eligieron por _____ (ser) una de las personas que mejor CV tenía.
11. David, no se lo digas, que te _____ (odiar) toda la vida.
12. Os eligieron no porque _____ (cantar) bien, sino porque _____ (trabajar) en el conservatorio.
13. Falleció por no _____ (llegar) a tiempo al hospital.
14. No se lo compres porque _____ (preferir) hacerlo ella misma.

4 Chus quiere dejar a su novio pero no quiere herir sus sentimientos. Observa el monólogo de Chus para intentar explicar a su novio la causa por la que ha decidido dejarlo. Ayúdala eligiendo los nexos más adecuados que aparecen en el recuadro. Recuerda que pueden aparecer varias veces o no aparecer.

> porque • por • como • a causa de
> ya que • puesto que • pues

Hola, Álex:
    ¿Qué tal? ¿Sabes? He estado dándole vueltas y vueltas al asunto de mi viaje a Cannes y... (1) <u>como</u> estaré fuera de la ciudad bastante tiempo y... (2)_____ nunca hemos estado tantos días sin vernos y... (3)_____ es probable que pueda quedarme a trabajar allí, he pensado que tal vez, (4)_____ todos estos inconvenientes, preferirías que nos diésemos un tiempo mientras dura mi estancia en Cannes.
    Ya sabes que tú eres muy importante para mí, no solo (5)_____ seas mi novio, sino (6)_____ también eres mi mejor amigo.
Yo no sé muy bien qué hacer, (7)_____ ya ha llegado el momento de irme y todavía no tengo las cosas muy claras....
Tal vez sea mejor que dejemos que el tiempo decida...

C Diarios en la red

1 Relaciona.

1 Si te llaman "friki", — b
2 Si vas de deportista, — ☐
3 Si te has hecho un sibarita, — ☐
4 Si te crees "cool", — ☐
5 Si te va la buena mesa, — ☐

a. es que disfrutas de un dulce tanto como de un tentempié salado, la carne es tu pasión y el pescado una debilidad, comer verduras no es una obligación y la pasta no falta en tu dieta.

b. es que tienes unos gustos muy peculiares a la hora de vestir o directamente no tienes gusto. Eres amante de los tebeos, los videojuegos o simplemente te consideran o te consideras diferente.

c. es que te gusta moverte en los ambientes más modernos, haces lo posible por sortear los límites de lo convencional y tu afán es estar siempre a la última.

d. es que eres aventurero y amante de las emociones fuertes. Eres de los que no puede parar quieto y piensas que apasionarte por el deporte es algo más que acudir al estadio de fútbol con el bocata y la bufanda de tu equipo.

e. es que las 5 estrellas guían tus pasos y tu paladar ya solo tolera alimentos selectos. No puedes vivir sin la sofisticación que aporta cenar en un restaurante de lujo, comprar en las mejores tiendas o dormir en las camas más exclusivas.

2 Lee la siguiente carta. Jesús es un fan de los artículos de una conocida revista. El pasado domingo se sintió muy defraudado porque salía publicada una entrevista al autor de esos artículos que él tanto aprecia. Tal fue su indignación por las palabras de su admirado escritor, que escribió una carta a la revista expresando su opinión. Complétala con las expresiones del recuadro.

> sin embargo • por lo tanto • por eso
> además • incluso • en primer lugar
> al contrario • por otro lado • aunque

Muy señor mío:

(1) <u>En primer lugar</u> quería decirle que soy un admirador y lector suyo, por lo que acometí con entusiasmo la lectura de su entrevista en la revista de la semana pasada.

(2) _____, he de reconocer que me defraudó, por la cantidad de tópicos que utilizó. (3) _____ de lo que yo pensaba, usted es una persona que se deja influenciar por lo que dicen los demás y, (4) _____, según mi opinión, carece de personalidad.

(5) _____, quería decirle que no me gustó nada el tono que utilizó para hablar de la sociedad actual y (6) _____ me decidí a enviarle esta queja.

(7) _____, me gustaría comentarle que no debería meter a todo el mundo en el mismo saco e (8) _____ me atrevería a decirle que cada persona es diferente.

Finalmente, debo confesarle que, (9) _____ su entrevista me ha defraudado seguiré leyendo sus artículos y juzgando sus opiniones.

Atentamente,

Jesús Méndez

3 Escucha la siguiente entrevista a un profesional acerca de los peligros que supone internet para los niños y contesta a las preguntas.

1 ¿Quién hace las preguntas?
_____

2 ¿Cuáles son los mayores temores que deben tener los padres con respecto al uso que de internet hacen sus hijos?
_____

3 ¿Por qué la policía no puede tomar medidas preventivas?
_____

4 ¿Existe ahora mismo, según el entrevistado, un acuerdo internacional de actuación contra delitos tecnológicos?
_____

5 ¿Quiénes pueden tomar medidas preventivas?
_____

6 ¿Qué consejos da el entrevistado a los padres para controlar el uso de internet por parte de sus hijos?
_____

7 Ocio

A   Ir al cine

1 Lee la biografía de Penélope Cruz y completa los huecos con las estructuras del recuadro.

> en la que • a la que (x 2) • ~~en el que~~ • en las que
> por la que (x 2) • donde

Biografía

Penélope Cruz nació el 28 de abril de 1974 en Madrid. Es hija de Eduardo Cruz (comerciante) y Encarna Sánchez (peluquera), una familia humilde de San Sebastián de los Reyes, Madrid. Pronto se sintió atraída por el mundo del arte y de la interpretación, especialmente desde el momento (1) _en el que_ vio la película ¡Átame! en un cine de la plaza Mayor de Madrid. A partir de ese momento decidió ser actriz para poder llegar a cumplir un sueño: trabajar con Almodóvar. Estudió nueve años de *ballet* clásico en el Conservatorio Nacional de Madrid, cuatro años de mejora de la danza en diversos cursos en la Escuela Cristina Rota en Madrid, y tres años de *ballet* español con Ángela Garrido.

Carrera cinematográfica
La primera aparición notoria de Penélope fue su participación en el videoclip *La fuerza del destino* del grupo Mecano.
Más adelante fue conductora de *La quinta marcha*, un programa de televisión orientado a adolescentes.
Las primeras películas (2)_____ actuó fueron *Jamón, Jamón* (Bigas Luna, 1992), (3)_____ salió potenciada con su imagen de *sex-symbol*, y *Belle Époque*, de Fernando Trueba, película que ganó el Óscar a la mejor película extranjera en 1993.
En 1997 protagonizó el papel de Sofía en *Abre los ojos*, película dirigida por Alejandro Amenábar, y (4)_____ actuaba junto a Eduardo Noriega.
Su sueño de juventud se cumplió en 1997, cuando trabajó junto a Javier Bardem en la película de Pedro Almodóvar *Carne trémula*, pero la película (5)_____ agradece su fama mundial es otra película de Almodóvar, *Todo sobre mi madre* (1999), película ganadora del Óscar a la mejor película extranjera.
En el 2000 dio el salto a Estados Unidos y actuó junto a Matt Damon en *All the pretty horses*, (6)_____ siguieron otras interpretaciones en películas americanas. En el año 2004 protagonizó la película italiana *No te muevas*, (7)_____ ganó el premio David de Donatello a la mejor interpretación femenina y fue candidata al premio Goya a la mejor actriz.
La siguiente colaboración entre Pedro Almodóvar y la actriz fue en *Volver* (2006), película que protagonizó y (8)_____ ganó el premio a la mejor interpretación femenina en el Festival de Cannes de 2006 (compartido con el resto de actrices del filme). El 23 de enero de 2007, gracias a *Volver*, se convierte en la primera actriz española de la historia nominada a los premios Óscar 2006 a la mejor actriz.
También por este papel recibió en el mes de octubre de 2006 el premio a la mejor interpretación femenina en los Hollywood Awards, galardones otorgados anualmente por críticos de cine, productores y directores de festivales.
En 2007, y también por su papel en *Volver*, recibe el Goya a la mejor interpretación femenina.
En 2008 obtuvo el Óscar como mejor actriz de reparto por *Vicky, Cristina, Barcelona*, de Woody Allen. En 2009, volvió a ser nominada a un Óscar por su participación en la película *Nine*.

2 Vuelve a leer la biografía de Penélope Cruz y contesta a las siguientes preguntas.

1 ¿Por qué decidió ser actriz?
_____

2 ¿Para qué decidió ser actriz?
_____

3 ¿Hasta cuándo tuvo que esperar Penélope para hacer realidad su sueño?
_____

4 ¿En qué película trabajó por primera vez con Almodóvar?
_____

5 Penélope trabajó en películas que recibieron algún Óscar o que, por lo menos, estuvieron nominadas a alguno. ¿Cuáles son esas películas?
_____

3 Busca en la sopa de letras ocho palabras relacionadas con el cine.

D	I	R	E	C	T	O	R	W	R	Á
G	D	U	S	I	J	L	A	L	O	J
U	E	S	T	S	A	Ó	M	B	D	C
I	L	Á	R	Y	U	K	J	L	A	O
O	Ñ	R	E	D	A	S	E	A	J	Y
N	L	U	N	E	F	G	H	G	E	A
S	P	R	O	D	U	C	C	I	Ó	N
D	L	I	A	Ú	A	B	C	G	T	U
A	K	J	S	R	E	S	I	Y	O	H
C	A	R	G	U	M	E	N	T	O	O
T	O	É	U	C	A	S	F	V	R	A
O	L	L	I	I	B	U	S	V	A	S
R	J	Z	N	O	M	R	D	I	F	R
B	F	V	L	N	Q	U	É	M	I	P
I	T	C	Ñ	M	Ú	S	I	C	A	S

4 Relaciona las siguientes opiniones.

1 Creo que… [a]
2 No pensaba que… ☐
3 Mis padres no imaginaron cuando me llevaron al cine que… ☐
4 ¿No te parece que… ☐
5 A tus padres les pareció que… ☐
6 No creas que… ☐
7 No me parece una buena idea que… ☐
8 El locutor supuso que… ☐

a … el cine español está pasando por un buen momento.
b … la película no era demasiado buena.
c … todos nosotros habíamos visto la película.
d … la película me gustó mucho.
e … el actor no desempeña bien su papel?
f … pudiéramos pasar con el perro.
g … tu hermano vaya solo al cine.
h … la película me fuera a gustar tanto.

5 Lee la sinopsis de la película *El laberinto del fauno*. En el texto no aparece ninguna preposición. Intenta colocar la preposición en cada hueco correspondiente.

en (x 5) • con (x 2) • de (x 4) • por • a (x 4)

El laberinto del fauno

Año 1944. La Guerra Civil española acabó (1) <u>en</u> 1939 (2)___ la victoria (3)___ las fuerzas golpistas comandadas (4)___ el general Francisco Franco. Es (5)___ este momento cuando la joven (6)___ trece años Ofelia (Ivana Baquero) tiene que acompañar (7)___ un pequeño pueblo (8)___ su madre, Carmen (Ariadna Gil), casada (9)___ segundas nupcias (10)___ un capitán (11)___ el ejército franquista, Vidal (Sergi López), empeñado (12)___ destruir (13)___ los maquis. Pero no todo será una mala experiencia, puesto que Ofelia descubre (14)___ las ruinas (15)___ un laberinto (16)___ un fauno (Doug Jones).

6 Relaciona las siguientes opiniones con sus posibles reacciones.

1 No creo que Eduardo Noriega haya hecho buenas películas.
2 Me parece que es un buen actor.
3 ¿No crees que Maribel Verdú es muy guapa?
4 No me imagino que Antonio Banderas sea una mala persona.
5 Carlos opina que todo el mundo que hace una película es un buen actor.

a Yo tampoco.
b Pues yo sí.
c Pues yo no.
d Pues a mí no.
e Sí, yo sí.

B ¿Bailas?

1 🔊 7 Escucha los siguientes eventos que tendrán lugar próximamente y selecciona si las siguientes afirmaciones son verdaderas (V) o falsas (F).

1 Carmen Cortés está a punto de concluir su gira flamenca. **F**
2 De Carmen destaca su capacidad para moverse tanto en un estilo tradicional como innovador. ☐
3 Una característica de Carmen es que no es nada arriesgada. ☐
4 La exposición de Chillida recogerá sus obras más recientes. ☐
5 La exposición tendrá lugar en un recinto cerrado. ☐
6 El espectáculo que presentarán Les Luthiers es el más novedoso de los últimos 30 años. ☐
7 Por fin, después de 30 largos años, Les Luthiers consiguen ese éxito tan soñado. ☐

2 Vuelve a escuchar los eventos y relaciona las siguientes definiciones con palabras o frases hechas que aparecen en la audición.

1 Creador de un espectáculo de danza o baile. _coreógrafo_
2 Agilidad, prontitud, gracia y facilidad en lo material o en lo inmaterial. _____
3 Representar o escenificar una obra en un teatro. _____
4 Celebrar el estreno de una exposición. _____
5 Persona que posee una virtud para alguna de las bellas artes. _____
6 Casa típica del País Vasco y Navarra. _____
7 Cada una de las partes, actos o ejercicios del programa de un espectáculo. _____
8 Actuación de una compañía teatral o de un artista en diferentes localidades. _____

3 Lee y reconstruye el texto con las palabras del recuadro. Sobran cuatro.

> ~~llamado~~ • rodaje • destacables
> medios • ya • primero • actores • dicha
> historia • entonces • película • dan
> pescadores • búsqueda • tienen • plató
> plástica • sobre • directores • nombrar
> para • exigía • llegada • aportaciones

HISTORIA DEL CINE

EL NEORREALISMO

Al terminar la guerra, en una Italia destrozada, aparece el llamado (1) cine "neorrealista", un cine que presentaba al mundo la realidad de la posguerra, realizado con escasez de _____(2) pero con una carga de humanismo, preocupado por los problemas del individuo de la calle. Fue uno de los movimientos más importantes de la _____(3) de las teorías y corrientes cinematográficas, tanto por la riqueza y valor de sus contenidos, directores, actores y _____(4) a la cultura como por las repercusiones que posteriormente tuvo en todo el cine mundial. Este tipo de cine creó escuela por todo Occidente, extendiéndose _____(5) por Europa; y luego por el resto del mundo.

El neorrealismo es la sencillez artística desde el acercamiento a lo social, lo histórico y lo poético, la _____(6) de las cosas "tal como son" y la narración de los problemas de la Italia de la posguerra.

La tarea del cine no era _____(7) la de limitarse a entretener en el sentido que se daba habitualmente a la palabra, sino la de enfrentar al público con su propia realidad, analizar _____(8) realidad y unir al público enfrentándole a ella. Esta voluntad de abandonar la intriga dramática a favor de la crónica de la realidad _____(9) un cambio en el plano estilístico: escenarios y actores naturales (muchas veces se elegían intérpretes que no eran profesionales), _____(10) en exteriores o interiores reales, ausencia de maquillajes, diálogos sencillos, sobriedad técnica, rechazo de decorados y toda clase de ornamentación.

Directores y películas _____(11) dentro de este movimiento son *Roma, ciudad abierta* (1945), de Rosellini, un alegato humanista en que la justicia y los derechos humanos _____(12) la mejor tribuna como medio para lograr la paz y el entendimiento entre los hombres. *La tierra tiembla* (1948), de Visconti, con _____(13) auténticos y sin una sola toma de estudio, el director logró crear un drama social en imágenes de cuidadísima belleza _____(14) y complejidad técnica. La originalidad de Visconti reside en la integración perfecta entre lo real y lo estético. Por último, hay que _____(15) a Vittorio de Sica con filmes como *El limpiabotas* (acerca del desamparo de los niños romanos) o *Ladrón de bicicletas*, _____(16) la situación de los obreros en paro.

EL REALISMO EN ESPAÑA

Influenciados por el movimiento realista italiano tenemos en España a García Berlanga y Juan Antonio Bardem, los _____(17) con mayor repercusión internacional a partir de 1950. Como sus colegas italianos, intentan acortar la separación entre el cine y la realidad y _____(18) ello utilizan "planos secuencia" muy largos y ruedan en escenarios naturales. Como ingrediente específico, utilizan el humor, a veces "humor negro".

Alcanzó mucho éxito la _____(19) de Berlanga *Bienvenido, Mr. Marshall* (1952), en la que un pueblo español se prepara intensamente para la _____(20) de los "americanos" (del plan Marshall) y cuando estos llegan, pasan de largo.

(*Aprender con el cine, aprender de película*,
Enrique Martínez Salanova)

C   No imaginaba que fuera tan difícil

1 Escribe las siguientes frases en forma negativa. Fíjate bien porque es posible que tengas que cambiar más cosas que el verbo. Si hay varias posibilidades, escríbelas todas.

1. Creo que hay que respetar a los vecinos y guardar silencio por las noches.
   Pues yo no creo que <u>haya que respetar a los vecinos ni guardar silencio por las noches.</u>
2. Tu hermano pequeño opina que tu familia está obrando bien.
   En cambio, tu hermano mayor no opina que _____.
3. Vosotros suponíais que iríamos por el camino más corto.
   Nosotros, por el contrario, no suponíamos que _____.
4. Recuerdo que una vez te pregunté por tus primos.
   No recuerdo que _____.
5. Tú te imaginabas que aquello iba a ocurrir. Sin embargo, él no se imaginaba que _____.
6. A ella le ha parecido que no tenías razón. Pero a nosotros no nos ha parecido que _____.
7. Me di cuenta de que te había sonado el móvil. Pues yo no me di cuenta de que _____.
8. Veo que has vuelto a suspender el examen. No veo que _____.
9. Supo que habías entrado en su casa con mis llaves. Nunca supo que _____.
10. Se imaginó que la habías llamado por teléfono. No se imaginó que _____.

2 Completa el texto con la forma correcta del verbo entre paréntesis.

Guerra total en el cine español
El proyecto de ley enfrenta a las cadenas de televisión con los productores y con el Ministerio de Cultura

Suenan ya los tambores de guerra. Las televisiones privadas se han levantado contra la nueva Ley del Cine elaborada por el Ministerio de Cultura, al que acusan de proteger a los productores "mal llamados independientes" y no al sector del cine español en su conjunto. Las cadenas de TV acusan a Cultura de "exceso de continuismo y de falta de valor".

"No creemos que la solución del cine español (1) <u>pase</u> (pasar) por seguir protegiendo al productor independiente", asegura el comunicado hecho público ayer por las cadenas de televisión. Los productores opinan que la actitud de los operadores televisivos (2)_____ (suponer) "un desprecio a la libertad de creación" y no les parece que esa lectura de "producir cine solo bajo su paraguas" (3)_____ (conllevar) a la mejora del cine español.

Sé que las televisiones privadas (4)_____ (sentirse) absolutamente maltratadas por el documento.

Según el borrador legal, las televisiones se verán obligadas a incrementar del 5% al 6% de sus ingresos su inversión anual en la industria cinematográfica europea.

"No nos parece que la imposición española del 5% (5)_____ (ser) natural, pues hoy día no tiene sentido que un sector empresarial (6)_____ (verse) obligado a financiar otro", denuncian las televisiones. Opinan que "no solo (7)_____ (ser) anticompetitiva, (8)_____ (ser) además antieuropeísta, pues de ese 5% el 60% debe destinarse al cine español".

Las televisiones imaginan que, además, esta ley (9)_____ (recrudecer) un enfrentamiento que parecía amainado y (10)_____ (empeorar) la situación actual.

(Adaptado de www.elpais.com, 12-01-07)

3 Dos amigos han leído el artículo anterior y hablan sobre él. Elige la opción correcta. En algunos casos valen las dos.

A Recuerdo que <u>leí</u> / *leyera* en algún lugar que el proyecto de la ministra de Cultura no cuenta con el visto bueno del gobierno.
B No me extraña. No creo que el gobierno *quiere / quiera* que no *hay / haya* entendimiento entre todos los agentes implicados para sacar adelante la nueva Ley del Cine.
A ¿Te das cuenta de que las televisiones *harán / hagan* cuantas acciones sean necesarias para defender sus intereses y evitar su nueva obligación?
B Sí, no veo que *existe / exista* una solución próxima.
A Nunca pensé que esto *sucedería / sucediera*.
B ¿Es que cuando hicieron la ley no vieron que *tenía / tuviera* tantas repercusiones?
A No sé. ¿Sabes? Creo que los productores *reaccionaron / reaccionaran* con otro comunicado.
B Sí, me imagino que *solicitan / soliciten* la inclusión de medidas de desgravación fiscal como condición indispensable para respaldar la nueva ley.
A ¡Qué complicado! Sigo sin ver que *hay / haya* una solución a corto plazo.

4 Completa las frases siguientes con el verbo más adecuado. Escribe todas las posibilidades.

1 ¿Os habéis dado cuenta de que ya <u>ha finalizado</u> (finalizar) el plazo para solicitar la beca?
2 Supongo que _____ (vosotros, estar) un poco tristes por la noticia, ¿no?
3 No me parece bien que _____ (nosotros, tener) que llevarle un regalo si no nos apetece.
4 No creáis que todo lo que _____ (ellos, contar) es verdad.
5 No creen que _____ (vosotros, merendar) un bocadillo de jamón todos los días.
6 No sabía que _____ (tú, ir) a venir a visitarme tan pronto.
7 No me parece una buena idea que _____ (tú, traducir) todo el libro sin ayuda de ningún tipo.
8 Nunca comprendí que _____ (desperdiciar, tú) de aquel modo tu vida.
9 Me imagino que _____ (haber) alguna solución.
10 No creas que _____ (importar) lo que diga la gente. Si lo haces, te equivocas.
11 No creíamos que _____ (vosotros, tener) tanta sangre fría.
12 Tus profesores no veían con buenos ojos que _____ (tú, llevar) la calculadora a clase.
13 Nunca imaginé que tu madrastra _____ (ser) una persona tan influyente.
14 No sabía que _____ (ellos, saber) conducir.
15 No sabía cuándo _____ (yo, volver) a verte.
16 Inés se imaginó que ya _____ (nosotros, salir) de casa y dejó de llamar a la puerta.
17 ¿No crees que tus primos _____ (vestirse) como si vivieran en otra época?
18 No creo que _____ (poner) la misma película en la televisión que en el cine.
19 Supe que ya _____ (tú, ver) mi foto porque noté que no estaba colocada como yo la había dejado.
20 Jamás comprenderé que _____ (tú, enfadarse) por esas tonterías.

5 Completa con tus opiniones.

1 Opino que la crisis mundial...
2 No recuerdo que en mi familia...
3 No imaginaba que el español...
4 Nunca pensé que la humanidad...

8 Viajes

A Viajar

1 Mónica ha comprado un billete de autobús para ir desde Castellón a Madrid. Esto es lo que ponía en su billete por detrás. Completa los huecos del texto con las siguientes preposiciones.

> en • de • por • entre • sin • ~~hasta~~ • a

CONDICIONES GENERALES

Equipaje: El viajero tiene derecho a transportar gratuitamente (1) _hasta_ un máximo de 30 kilos de equipaje. El equipaje no va asegurado, su pérdida o deterioro, (2)_____ previa declaración de valor, determinará la obligación (3)_____ abonar hasta un límite máximo de 12,02 € por kg de peso facturado.

Anulaciones: En la petición de anulación del billete se devolverá el 20% del importe del mismo cuando se solicite antes de las 48 horas de la salida. Si la anulación se pide (4)_____ las 48 y 2 horas anteriores a la salida, se devolverá el 10%. No se procederá a la anulación, ni por consiguiente a la devolución de su importe, dentro de las dos horas inmediatamente anteriores a la salida del autocar. La no presentación (5)_____ la salida significará la pérdida total del importe.

Responsabilidad: Existen hojas de reclamaciones en nuestras administraciones. (6)_____ motivo de averías en ruta u otras eventualidades el viajero solamente tendrá derecho a la continuidad del viaje (7)_____ otro vehículo.

2 A Mónica le han surgido una serie de problemas y también de dudas. Ayúdala marcando cuál de las tres opciones es la respuesta correcta.

1 Ha pesado su maleta antes de salir de casa y la báscula ha marcado 30 kg.
  ☐ a Tiene que pagar un plus.
  ☐ b Está dentro del límite. No tendrá que pagar.
  ☐ c No puede llevar un equipaje tan pesado.

2 Mónica tiene previsto su viaje para el lunes 5. El viernes anterior decide posponer el viaje.
  ☐ a Le devuelven todo el dinero porque lo ha hecho tres días antes de su viaje.
  ☐ b Le devuelven un porcentaje de lo que le ha costado el billete.
  ☐ c No tiene derecho a la devolución del dinero.

3 Durante el viaje se pincha una rueda y el autobús no puede continuar su ruta.
  ☐ a Le devuelven el dinero del billete íntegro.
  ☐ b La compañía le proporciona un taxi hasta su destino pero debe pagar una parte del recorrido.
  ☐ c La compañía le proporciona un taxi hasta su destino y no tiene que pagar nada.

4 El día de la salida se queda dormida y no llega a tiempo a la estación.
  ☐ a No pasa nada, le proporcionan un billete para el siguiente autobús y no debe pagar nada.
  ☐ b Debe comprar otro billete y no recibe nada de dinero del billete anterior.
  ☐ c Puede rellenar una hoja de reclamación y recuperar el 10% del importe.

3 Completa las siguientes frases con presente, pretérito perfecto o pretérito imperfecto de subjuntivo. Si existe más de una posibilidad, escríbelas todas.

1. Me lo creeré cuando lo _vea / haya visto_ (yo, ver).
2. Quédate aquí hasta que todos _____ (marcharse) a casa.
3. Yo pondré al corriente de todo a Pedro en cuanto _____ (llegar) de su viaje.
4. Encima de su mesa tenía una foto hecha poco antes de que su madre _____ (enfermar).
5. La mayoría de los periodistas se marcharán en cuanto les _____ (tú, decir) algunas palabras con las que rellenar su artículo.
6. No creo que tu hermana _____ (estudiar) mucho para el examen de la semana pasada.
7. Me pareció fatal que no me _____ (vosotros, llamar) por teléfono.
8. Te pediría que le _____ (comprar) un regalo pero creo que no va a ser una buena idea.
9. Cuando _____ (ellos, terminar) de trabajar, avísame.
10. Recuerdo que odiaba que me _____ (vosotros, llevar) al dentista.
11. Mi hermano me sugirió que _____ (ir) a un psicólogo.
12. Me molesta que la gente _____ (decir) que soy desorganizado.

4 ¿En qué situación utilizarías los siguientes medios de transporte? Completa las frases.

Un parapente.
Lo utilizaría para _____

Un carro.
Lo utilizaría para _____

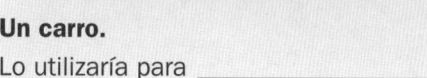

Un globo.
Lo utilizaría para _____

Un trineo.
Lo utilizaría para _____

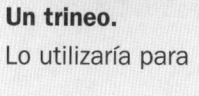

Un teleférico.
Lo utilizaría para _____

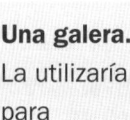

Una galera.
La utilizaría para _____

Un hidroavión.
Lo utilizaría para _____

Un tándem.
Lo utilizaría para _____

5 En este crucigrama encontrarás palabras relacionadas con medios de transporte.

Vertical: 1. Embarcación de remo muy utilizada por los indios. **2.** Vehículo que circula sobre raíles por las ciudades. **3.** Es un medio de transporte y esta palabra es muy similar en todos los idiomas.
Horizontal: 1. Muy similar al autobús. **2.** Embarcación que normalmente no tiene motor y que funciona gracias al viento. **3.** Embarcación de pequeño tamaño con motor fuera borda.

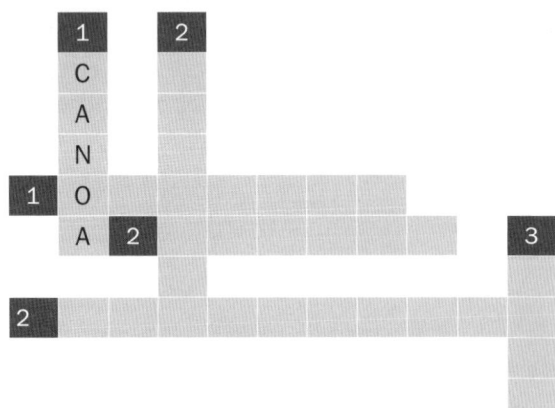

B Viajar para sentirse vivo

1 En la radio están describiendo el itinerario del viaje a las islas Galápagos que tú acabas de contratar en una agencia de viajes. El problema es que detectas una serie de divergencias entre el anuncio que escuchas por la radio y tu folleto. ¿Cuáles son esas diferencias?

VIAJE A LAS ISLAS GALÁPAGOS

PROGRAMA SEMANAL

Lunes. Llegada al aeropuerto de la isla de Baltra. Por la tarde, visita a la isla Seymour Sur donde verás colonias de aves marinas: fragatas, gaviotas de cola bifurcada y pinzones.
Martes. Desembarco en isla Salomé, con caminata hasta la cumbre para ver el paisaje volcánico, un auténtico escenario lunar.
Miércoles. Por la mañana visita a la isla Genovesa, donde verás camaleones, y por la tarde subida a la escalinata del Príncipe Felipe para ver dónde anidan las golondrinas de mar.
Jueves. En Puerto Ayora, en la isla Santa Cruz, se visita la Estación Científica Darwin, que nació en 1969, coincidiendo con el tercer centenario de la publicación del libro de Darwin. También verás tortugas gigantes.
Viernes. Visita a isla Isabela con paseo junto a iguanas por los acantilados de Punta Vicente Roca, y por el canal de Bolívar para divisar mantas y cocodrilos. Por la tarde, isla Fernandina, con colonias de pingüinos y cormoranes voladores.
Sábado. También en isla Isabela, crucero por bahía Urbina para ver ballenas.
Domingo. En isla Española, caminata por bahía Gardner para ver los albatros de Punta Suárez.

DIFERENCIAS:

	Itinerario de la radio	Itinerario del folleto
1	Visita a Seymour N	Visita a Seymour S
2		
3		
4		
5		
6		

2 Completa con *ser* o *estar*.

1. **A** Tus padres <u>están</u> muy enfadados con Mario.
   B ¡No me extraña! _____ un fresco.
2. **A** ¿Sabes?, Leo me ha vuelto a llamar para pedirme los apuntes…
   B ¡Qué cara tiene! Solo te llama cuando necesita algo, _____ un interesado.
3. **A** _____ mejor que entremos en casa.
   B Sí, entremos, empieza a hacer fresco.
4. **A** ¿De dónde _____ tu profesora?
   B No lo sé, pero _____ en muchos países.
5. ¡_____ imposible razonar contigo!
6. **A** No para de hablar y de contar su viaje a África.
   B Sí, _____ imposible. ¡Como siga así no sé qué vamos a hacer!
7. **A** ¿Has hablado alguna vez con Carmela?
   B Sí, me encanta hablar con ella. _____ muy abierta.
8. **A** Tu hermana ha tenido un bebé precioso.
   B Sí, _____ un bebé muy despierto.
9. **A** Tu amiga no es capaz de hablar con Fernando por las noches.
   B Lo sé, _____ muy parada.
10. **A** ¿Dónde _____ María?
    B Viendo las noticias. _____ muy atenta.
11. Juan, saca el vino de la nevera, yo creo que ya _____ fresco.

3 Elige la opción correcta.

1. Pero, ¿cómo <u>fuisteis</u> / **estuvisteis** capaces de iros con dos tíos tan horribles?
2. La apertura del recinto deportivo **será** / **estará** a partir de las 8 de la tarde.
3. No **estaría** / **sería** justo no invitarlo a tu fiesta de cumpleaños.
4. En general, cuanto más innovador **esté** / **sea** el producto, mayores serán las alternativas de precio.
5. Esperamos que **hayáis sido** / **hayáis estado** unos buenos chicos.
6. Carmen **estuvo** / **fue** muy aburrida en la fiesta. ¡Se lo pasó fatal!
7. Pensé que no ibais a terminar nunca. ¡Por fin **estáis** / **sois** listos!
8. ¿En qué edificio **es** / **está** la reunión de directivos?
9. El agua pasa igual aunque la manguera **sea** / **esté** enrollada.
10. Cuando **esté** / **sea** terminada la autovía, llegaremos a casa en dos horas.

4 Transforma las frases como en el ejemplo.

1. Tu hermana ha vuelto a suspender el carné de conducir.
   Me fastidia que tu hermana haya vuelto a suspender el carné de conducir.
2. La gente ya no fuma en el metro.
   Les encanta que _____.
3. Tu abuelo habla solo.
   Le pone nerviosa que _____.
4. Los días pasan demasiado rápido.
   Me da rabia que _____.
5. A mi prima le encanta conducir de noche.
   A sus padres les da miedo que _____.
6. María hizo una entrada triunfal.
   Me da igual que _____.
7. David sacó buenas notas.
   Me puso de buen humor que _____.
8. La luz cegó al conductor.
   Me fastidió que _____.
9. No se resistió y fue a hablar con ella.
   Me molestó que _____.
10. Tus amigos hablaron en público.
    Me encantó que _____.

5 Completa las frases con los participios adecuados.

muerto/a/s • roto/a/s • decidido/a/s puesto/a/s • escrito/a/s • abierto/a/s hecho/a/s • doblado/a/s • dormido/a/s alquilado/a/s • frito/a/s

1. La mesa ya está _____.
2. No me gustan las películas que están _____, prefiero las de versión original.
3. El cristal de la ventana de la habitación estaba _____.
4. No me apetece trabajar, estoy muy cansada, estoy _____.
5. ¡A la mesa! Las patatas ya están _____.
6. A estas horas, todas las tiendas están _____.
7. Ya está _____. ¡Nos vamos a la playa!
8. La tarta ya está _____. Solo hace falta decorarla.
9. Lo siento, la casa ya está _____.
10. Todos estos cuadernos están _____. No hay ninguno nuevo.
11. Mira a ver qué hace, pero si está _____, no lo despiertes.

6 Completa el texto con la forma verbal adecuada de *ser* o *estar*.

Consejos útiles sobre cómo
servir y beber el vino

- La etiqueta (1) <u>es</u> como una foto de la manera de (2)_____ del bodeguero o cosechero. Si le presta atención sacará conclusiones notables. Aparte del diseño o estética, en ella deben aparecer todos los datos, como nombre o marca del vino, bodega, denominación de origen, país, cantidad, graduación, año de la cosecha, tipo de uva o uvas con las que (3)_____ hecho, si (4)_____ crianza, reserva o gran reserva, y numeración. Si (5)_____ vino de mesa, del país, etc. A veces, en la contraetiqueta se escriben barbaridades del tipo: "Hecho con la mejor selección de uvas escogidas de nuestra cosecha. Sírvase fresco". Eso (6)_____ fraude y hay que denunciarlo.
- Procurar no mezclar dos caldos diferentes, aunque ambos (7)_____ blancos o tintos, en la misma copa.
De dos tintos diferentes (8)_____ preferible consumir antes el más joven y después el de reserva o gran reserva. Dentro de una misma marca de reserva, procurar que (9)_____ de la misma añada. De no (10)_____ así, consumir primero el más "joven" y luego el "mayor" o de añada más tardía.

(Adaptado del libro *Saber de vinos*)

7 En el texto anterior aparecen las siguientes palabras. Escribe el verbo o el sustantivo que le corresponda.

1 denominación: <u>*denominar*</u>
2 graduación: _____
3 numeración: _____
4 etiqueta: _____
5 selección: _____
6 consumir: _____
7 aparecer: _____
8 mezclar: _____

C Historia de una travesía

1 Elige el término adecuado.

1 La (abreviar/<u>*abreviatura*</u>) de doctor es Dr.
2 Ayer tuvo lugar la _____ (abertura/apertura) del curso.
3 Para empezar las obras de la casa, tus padres solicitaron un _____ (adelantamiento/adelanto).
4 Hay una gran _____ (competencia/competición) entre los dos supermercados.
5 Se ha aprobado la _____ (creación/criatura) de un nuevo parque.
6 Le he enviado una carta a mi jefe en la que hacía una _____ (pedida/petición) de subida de sueldo.
7 Hizo una gran _____ (selección/selectividad) para crear la empresa.
8 El cantante tuvo una gran _____ (apariencia/aparición) en escena.

2 Completa el texto con los verbos derivados de las palabras del recuadro.

> estorbo • ~~cambio~~ • acoso • sustitución
> decisión • repetición • crecimiento • decoración

Relato de un viaje a Marrakech

Marrakech (1) <u>ha cambiado</u> mucho en los últimos años. Era una ciudad maravillosa, mágica, anclada en el tiempo, en cuyas calles vendedores de todo tipo y falsos guías (2)_____ a los extranjeros hasta abrumarles. Según las estadísticas, pocos viajeros (3)_____ la visita, así que las autoridades (4)_____ tomar cartas en el asunto. Hoy, Marrakech se ha convertido en una ciudad acogedora, que el visitante puede recorrer sin sentirse agobiado en ningún momento. La ciudad (5)_____ fuera de sus murallas, los techos de caña de los zocos han sido (6)_____ por techos de cinc o de uralita, pero los zocos siguen siendo mágicos, y en la plaza de la Yamaa el-Fna sigue habiendo contadores de historias, adivinos, encantadores de serpientes, músicos, saltimbanquis y curanderos; allí, puedes comprar dátiles o fruta, cenar (en los chiringuitos que abren al caer la tarde, sumergiendo la plaza en una nube de humo) o hacer que te (7)_____ la manos con henna.
Al anochecer, la plaza y sus alrededores son un increíble hervidero. En cambio, en las callejas de la medina (estrechas, por lo general rectas, que a trechos pasan bajo arcos), solo el paso de una moto (8)_____ de tarde en tarde los juegos de los niños.

3 Relaciona las siguientes definiciones con palabras que aparecen en el texto.

1 Que no se mueve: <u>anclada</u>.
2 Confundir: _____
3 Fortificación: _____
4 Parte alta de una construcción: _____
5 Mercado: _____
6 Persona que conoce el futuro: _____
7 Acróbata, equilibrista: _____
8 Persona que ejerce de médico sin tener la carrera de medicina: _____
9 Polvo rojizo que se usa como tinte: _____
10 Agitación y ruido: _____

4 Elige el tiempo más adecuado en las siguientes frases.

1 En aquella época *iba / fui* de vacaciones a la costa.
2 Conocí a Mario cuando ambos *éramos / fuimos* jóvenes.
3 ¡Qué pena que *hayáis suspendido / suspendáis* el examen de mañana!
4 No me parece que *es / sea* una buena idea.
5 Espero que ellos *llamen / llaman* antes de venir.
6 Me extrañó que no *estuvieran / estén* ya en casa.
7 Les pone nerviosos que *seas / estés* tan contento.
8 ¿Te molestó que te *llame / llamara* por teléfono?
9 *Era / Estaba* interesado en hacerte muchas preguntas.
10 ¿Alguna vez *has estado / has sido* en Brasil?
11 ¡Ojalá mi hermano no te *hubiera dicho / diga* lo que te dijo!
12 A tu profesor le gustaría que *estudies / estudiases* más.
13 Ya no está aquí. ¡Qué lástima que se *vaya / haya ido*!
14 Cuando *estarás / estés* listo, hazme una llamada perdida.
15 Se lo dijo en cuanto *salga / salió* por la puerta.
16 En cuanto se lo *digáis / dijerais*, avisadme para no meter la pata.
17 Cuando entraste en la tienda, tu madre ya *salió / había salido*.
18 La verdad es que nunca *fui / sea* una persona muy abierta.
19 El otro día *fuimos / hemos ido* al museo.
20 Te pedí que me *llamaras / llames* pero no me hiciste ni caso.

9 Encontrar trabajo

A Emprendedores

1 Lee y escucha el texto y señala si las siguientes afirmaciones son verdaderas o falsas.

El trabajador autónomo o *freelance*

Una posibilidad a la hora de trabajar es montártelo por tu cuenta, como trabajador independiente. Es lo que se conoce como *freelance* o trabajador autónomo.

Un trabajador *freelance* es aquel cuya actividad consiste en realizar trabajos propios de su profesión, pero de forma autónoma, para terceros que requieren sus servicios.

Habitualmente se asocia la imagen del *freelance* a una persona independiente, que no se quiere casar con nadie y no desea estar sometido a normas ni ataduras en cuanto a horarios, formas de vestir, etc. Sin embargo, este estereotipo está cambiando hacia una imagen mucho más real. Lo cierto es que la crisis económica y la precariedad laboral que vivimos impulsan a muchas personas a probar suerte y ofrecer sus servicios como *freelance*.

En un principio, el principal sector en el que se usaba esta modalidad de trabajo era el periodismo. Los medios gráficos de prensa además de tener un elenco permanente de empleados a sueldo, encargaban a terceros la realización de notas determinadas y pagaban por cada una de ellas, o bien adquirían notas que les eran ofrecidas en tales condiciones. Posteriormente se aplicó también en otros campos como los de la programación informática, el diseño gráfico, la consultoría, la fotografía, la traducción, y muchos otros servicios profesionales y creativos.

Internet ha facilitado la expansión de esta modalidad de trabajo en sectores como desarrollo de *software*, diseño de sitios web, tecnología de la información y documentación de negocios…, ya que permite que el trabajador autónomo pueda realizar su trabajo en lugares distantes del domicilio del receptor del trabajo e, incluso, en diferente país.

Asimismo, cada vez existen más bolsas de empleo en la red dedicadas a estos profesionales.

(Extraído de: *www.serautonomo.net*)

1 El trabajador autónomo trabaja con un contrato. ☐
2 El trabajador *freelance* o autónomo trabaja para sí mismo. ☐
3 El trabajador *freelance* por lo general presta su trabajo a distintas empresas. ☐
4 Actualmente, la práctica totalidad de estos trabajadores autónomos son periodistas. ☐
5 Las nuevas tecnologías hacen que este tipo de trabajos sean más sencillos de desarrollar. ☐
6 El sector donde empezó a desarrollarse el trabajo autónomo fue el pediodismo. ☐

2 Vuelve a leer el texto anterior y escribe al lado de cada definición la palabra adecuada.

1 Que necesitan alguna cosa: <u>requieren</u>
2 Subordinado al juicio de otra persona: _____
3 Obligaciones: _____
4 Modelo: _____
5 Mala condición: _____
6 estimula, incita: _____
7 número, grupo: _____
8 Lugar donde se piden opiniones sobre algo concreto: _____
9 Efecto de extenderse: _____
10 Aquel quien recibe: _____

3 Lee el texto de nuevo y define el significado de las siguientes palabras o expresiones según el contexto:

1 Montárselo por su cuenta: _____
2 Trabajar para terceros: _____
3 No querer casarse con nadie: _____
4 Estar sometido a algo: _____
5 Probar suerte: _____

4 Relaciona las dos partes para formar el mensaje de expresión de la amenaza.

1 Como no me llames, … ☐
2 Si no limpiáis los cristales, … ☐
3 Si tu hermano no practica, … ☐
4 Como Sofía no te lo diga, … ☐
5 Si no terminas el proyecto a tiempo, … ☐
6 Como sigan hablando, … ☐
7 Como no comamos verduras, … ☐
8 Si usted no firma este documento, … ☐

a … tendrás que decirles algo.
b … no le daremos el crédito.
c … el endocrino nos regañará.
d … no llegará a ser pianista profesional.
e … el jefe se enfadará contigo.
f … no me volverás a ver.
g … no os doy la paga.
h … lo haré yo.

5 Lee el siguiente diálogo en el que dos personas hablan acerca del texto que acabas de leer. Completa los huecos con las palabras del recuadro.

> lo que pasa es que • yo creo
> <s>me parece que</s> • no obstante • llevas razón
> para mí • no estoy de acuerdo
> bueno, sí, pero por otro lado
> estoy de acuerdo

A ¿Tú qué opinas?, ¿te harías autónomo?
B (1) <u>Me parece que</u> tendría que pensármelo bastante. Me da un poco de vértigo.
A (2)_____. A mí también me daría un poco de miedo. (3)_____, algunas veces hay que arriesgarse e intentar cosas nuevas.
B (4)_____, que si tienes una buena idea y muchas ganas de luchar por ella, tiene que ser un reto muy interesante.
A (5)_____ necesitas tener esa idea, dinero y ganas de arriesgar. (6)_____ que no sería capaz.
B (7)_____. Todo el mundo es capaz si tiene ilusión.

A (8)_____ yo soy una persona muy cómoda y me gusta tener mi dinero fijo todos los meses y mis pagas extras.
B Sí, (9)_____, entonces no tienes mucha mentalidad de autónomo.

6 Completa con el verbo correspondiente en el tiempo adecuado.

> atender • aprender • ponerse • devolver • contar • ~~hablar~~ • llegar • merendar
> poder • decir • hacer • abrir • probar • gastar • querer • saber • tener

1. Si (él) <u>hablara</u> muchos idiomas, encontraría un trabajo mejor.
2. Como (ellos)_____ tarde, mamá les echará una bronca.
3. ¿Si (tú)_____ elegir una profesión, serías lo mismo que ahora?
4. Si no (tú)_____ tiempo, es mejor que no te comprometas a hacerlo.
5. Como tu amiga no _____ la lección, no le dejarán que se vaya a casa.
6. Si (tú)_____ a conducir por tu cuenta, después es muy difícil corregir ciertos vicios.
7. Como no (tú)_____ gafas, te seguirá doliendo la cabeza.
8. Si me (tú)_____ caso, ahora no estarías metida en ese lío.
9. Como no (vosotros)_____, no os servirá de nada ir todos los días a clase.
10. Si (ella)_____ el dinero, no le pasará nada.
11. Como no (nosotros)_____ el pastel, alguien se va a enfadar.
12. Como (ellos)_____ los regalos, me voy a enfadar mucho con ellos.
13. Si se lo (vosotros)_____, jamás lo perdonaré.
14. Si me (tú)_____ eso, a mí tampoco me sentaría nada bien.
15. Como (tú)_____, no te daré de cenar.
16. Si (tú)_____, podríamos comprarnos el chalé de la esquina.
17. Si Joaquín no _____ tanto dinero en el juego, ahora sería rico.

B Encontrar trabajo

1 Lee las definiciones de las siguientes profesiones y escribe la palabra correcta acompañada por el artículo (el/la).

1. Mujer que se dedica a torear en las corridas de toros: <u>la torera</u>
2. Mujer cuya profesión es apagar incendios: _____
3. Mujer que instala y arregla conducciones de agua, grifos, etc.: _____
4. Mujer que aplica el reglamento en las competiciones deportivas: _____
5. Mujer que tiene título oficial para curar enfermedades: _____
6. Mujer que se dedica a la ingeniería: _____
7. Mujer que se dedica a la arquitectura: _____
8. Mujer que pilota un avión: _____
9. Hombre que se dedica a desfilar en pasarelas: _____
10. Hombre que toca el violín: _____
11. Mujer que trabaja en un periódico: _____
12. Hombre que se dedica a la salud dental: _____
13. Mujer que cuida del orden público: _____
14. Hombre que dirige una galería de arte: _____

2 Lee el siguiente artículo que apareció publicado en un periódico. En el texto hay 9 errores. ¿Cuáles son?

El constructor de música

Francisco Hervás (Granada, 1962) tiene F *una* de los oficios más interesantes y complejos que pueden encontrarse: *luthier*, es decir, constructor de instrumentos musicales. Ella se dedica a fabricar instrumentos antiguos, del Barroco y del Renacimiento. "Habrás hecho unos ochenta o noventa instrumentos", recuerda.

Francisco comenzó tocando en un grupo de música renacentista y tradicional y fue este hecho el que lo llevó a fabricar sus propios instrumentos. Fue así como surgió todo.

Lo suyo es instrumentos artesanales, que nada tienen que ver con los que pueden adquirirse en una tienda, por muy caros que resulten. Cada detalle, como el espiral del clavijero de un violín o una viola, está tallado a mano, con horas o días de paciencia y rigor, la madera se curva con maniobras de calentamiento y humedad. Hasta el último detalle requiere un planificación absoluta. El resultado final no es un mero instrumento. Es una obra de el arte.

Hay *luthiers*, y Hervás es uno de ellos, a los que se lo encargan los instrumentos con años de antelación debido al tiempo que necesita cada obra y a los encargos que tienen con anterioridad. Los músicos, sin embargo, prefieren aguardar y tener por fin un *Hervás*. De hecho, el nombre de su autor aparece en el frontal del clavecín, uno de los instrumentos más complicados de construir, que hizo por encargo. En su talle se comprende el valor de una firma en un instrumento.

(El País)

3 Completa con el artículo *(el/la/los/las)* y una de las palabras del recuadro, en el género y número correspondientes.

> guía • comandante • atleta • ~~testigo~~
> víctima • dependiente • paciente • piloto

1 Al terminar el juicio, *el/la testigo* se reunió con el juez y con el fiscal.
2 _____, que llevaba una falda larga, me atendió en cuanto entré en la tienda.
3 _____, María García, recogió la medalla por su carrera en los 100 metros lisos.
4 _____ del museo resultó ser un antipático.
5 _____ de la doctora Rodríguez son todas mujeres.
6 _____ entró por la puerta del avión toda sonriente y con un vestido azul marino a juego con un sombrero.
7 _____ del ejército, Sara Pérez, recibió una condecoración por su talento.
8 Tu hermano fue _____ del robo que salió por la televisión.

4 Completa la siguiente tabla.

MASCULINO	FEMENINO
el panadero	*la panadera*
	la artista
	la violinista
el conductor	
el marinero	
	la atleta
el comandante	
	la modelo
el dependiente	
	la charcutera
el barón	
el amante	
	la jirafa
el cartero	
	la yegua
el yerno	
el padrino	
	la cuñada
el guardaespaldas	
el policía	
	la enfermera
el arquitecto	
el juez	
el presidente	
	la taxista
	la periodista

C Servicios públicos

1 Completa con el verbo en su forma adecuada.

1. En caso de que <u>vengáis</u> (vosotros, venir), tendréis que traer vuestra propia comida.
2. Tendrás que repetir curso a no ser que _____ (tú, aprobar) los exámenes finales.
3. Mis padres se negaron a ir en vuestro coche siempre y cuando _____ (conducir) Luis.
4. Lo haremos con tal de que _____ (vosotros, poneros) los pantalones que os regalamos.
5. Si _____ (tú, tener) que obedecerme, ¿lo harías?
6. Te lo explicaría siempre y cuando le _____ (decir) la verdad.
7. Todo lo que nos contó encajaba a la perfección, excepto que _____ (él, estar) viviendo en África.
8. Le dijo que lo haría con tal de que _____ (nosotros, poner) su nombre en el trabajo.
9. Nos dejarán pilotar la avioneta siempre y cuando _____ (hacer) un cursillo.
10. He perdido mis llaves, a no ser que las _____ (coger) tú.

2 Completa las frases siguientes con uno de los conectores del recuadro.

> con tal de que • en caso de que • excepto que • a no ser que (x 2) • ~~siempre y cuando~~ • como

1. Podrá seguir trabajando <u>siempre y cuando</u> tenga ánimo suficiente para volver al trabajo y enfrentarse con sus compañeros.
2. Te despedirán de la empresa _____ les cuentes toda la verdad y recapaciten.
3. Existen hojas de reclamaciones que se pueden solicitar _____ surja cualquier incidente.
4. Parece que el incendio no fue provocado, _____ todo fuera un montaje.
5. El candidato afirmó que _____ no obtuviera la presidencia, todos los que estábamos allí nos quedaríamos sin trabajo.
6. El jefe le dijo que podía tomarse la tarde libre _____ mañana trajera el proyecto acabado.
7. Su padre le dijo que podía perdonárselo todo, _____ le mintiera.

3 Lee el siguiente texto y completa los huecos con las 8 opciones del recuadro.

> pulsaciones • aptitudes • ambas
> ~~plazas~~ • entre sí • título
> vacante • asimismo

EMPLEO PÚBLICO

Cómo prepararse para auxiliar administrativo

El próximo 8 de octubre, la Comunidad de Madrid convoca 25 (1) <u>plazas</u> para auxiliar administrativo. Este procedimiento selectivo consiste en dos fases eliminatorias (2) _____. La primera, teórica, se basa en un examen tipo test sobre el temario específico para la (3) _____. El programa íntegro se incluye siempre en la convocatoria ofrecida por el organismo público. (4) _____, el opositor deberá superar en esta primera fase un examen psicotécnico, basado en preguntas que valoren sus (5) _____ administrativas, numéricas o verbales.
Una vez aprobadas (6) _____, el opositor realiza otra prueba de carácter práctico.
El evaluado deberá transcribir a ordenador un escrito (suministrado por los evaluadores) durante 10 minutos con un mínimo de 280 (7) _____ por minuto.

Los requisitos exigidos para poder presentarse a este tipo de oposición son:
- ser español o nacional de alguno de los estados miembros de la Unión Europea.
- tener cumplidos los 18 años de edad.
- poseer el (8) _____ de Graduado en Educación Secundaria o equivalente.
- no padecer enfermedad ni estar afectado por limitación física o psíquica.
- no haber sido separado, mediante procedimiento disciplinario, de alguna Administración Pública.

(Metro)

4 Relaciona las dos columnas para formar frases. Es muy importante que tengas en cuenta la información del texto anterior.

1 El próximo 8 de octubre se celebrará en la Comunidad de Madrid un concurso de oposición para auxiliar administrativo… ☐
2 Todo el mundo optará al temario íntegro… ☐
3 El opositor realizará la prueba de carácter práctico… ☐
4 Cualquier persona podrá presentarse a este concurso… ☐
5 Si no eres español no puedes presentarte a la oposición… ☐
6 No podrás apuntarte a la convocatoria de personal administrativo… ☐
7 En caso de que padecieras alguna enfermedad… ☐

a … a no ser que no se haya incluido en la convocatoria publicada por el organismo público correspondiente.
b … en caso de que no hayas finalizado tus estudios secundarios.
c … con tal de que reúna una serie de requisitos.
d … en caso de que pase el test y el psicotécnico.
e … no podrías optar a ese puesto de trabajo.
f … a no ser que sea de algún país de la Unión Europea.
g … siempre y cuando no suceda nada que lo impida.

5 En este crucigrama encontrarás palabras relacionadas con los servicios públicos.

- Para optar a un puesto de trabajo de empleo público debes pasar unos exámenes que reciben el nombre de (1)_____.
- Cuando apruebas estos exámenes y comienzas a trabajar, te conviertes en un (2)_____.
- Si decides presentarte a estos exámenes, tienes que rellenar una serie de (3)_____ y, en ocasiones, tienes que pagar unas (4)_____.
- Normalmente todos estos trámites se realizan en la (5)_____ y debes entregar y resolver todo el papeleo en un mostrador con varias (6)_____.

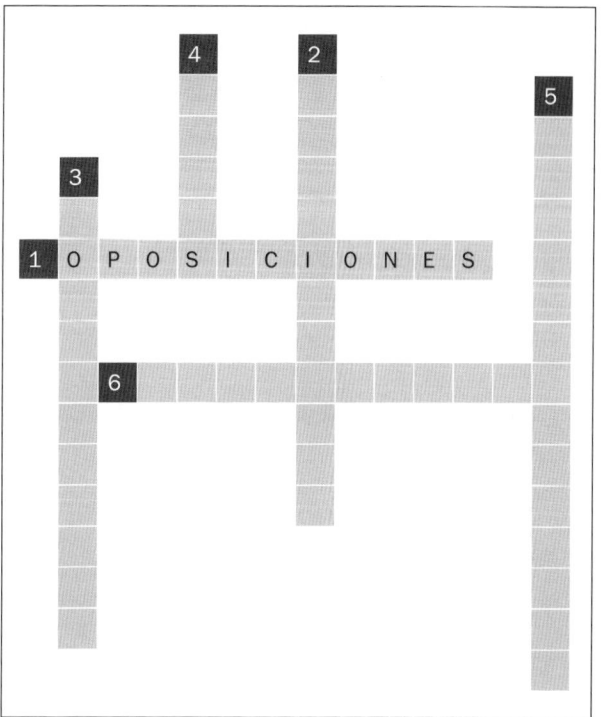

1 OPOSICIONES

10 Crimen y castigo

A Si conduces, no bebas

1 Pon esta historia en el orden correcto.

a Los dos hombres fueron declarados culpables y ☐
b y les acusaron de robo. ☐
c El año pasado unos delincuentes robaron 10 000 € de un banco en la Gran Vía. [1]
d de que el jurado hubiera escuchado todas las declaraciones. ☐
e fueron condenados a siete años de cárcel. ☐
f El juicio se celebró dos meses después ☐
g y finalmente arrestaron a dos hombres. ☐
h Los interrogaron en la comisaría ☐
i La policía interrogó a varias personas sobre el robo ☐

2 Contesta las preguntas utilizando las palabras del recuadro.

> ladrón • condenados • homicida • abogado
> ~~policía~~ • juez • contrabandista • delincuente
> secuestrador • jurado

1 ¿Quién investiga los crímenes?
   La policía.
2 ¿Quién dicta sentencia?
   _____
3 ¿Quiénes viven en las cárceles?
   _____
4 ¿Quién decide si alguien es inocente o culpable?
   _____
5 ¿Quién defiende a los acusados?
   _____
6 ¿Quién comete los delitos?
   _____
7 ¿Quién comete un robo?
   _____
8 ¿Quién causa la muerte a otra persona?
   _____
9 ¿Quién se dedica al tráfico ilegal de mercancías sin pagar derechos de aduana?
   _____
10 ¿Quién retiene a alguien por la fuerza y pide un dinero a cambio de su liberación?
   _____

3 Completa los huecos con las palabras del recuadro.

> bigamia • condena • revocada
> ~~he vulnerado~~ • multa • detenido
> he cometido • secuestrado • cumplir
> sobornar • acusado • delito • absuelto

1 Yo creo que nunca *he vulnerado* la ley ni, por supuesto, _____ un crimen.
2 En España se considera un _____ conducir un coche sin seguro.
3 Pablo, ten cuidado, si circulas a más de 120 te van a poner una _____.
4 La mafia intentó _____ al juez para que absolviera a su protegido.
5 Sus dos mujeres fueron llamadas a declarar antes de que su supuesto marido fuera _____ de _____.
6 El presunto asesino fue _____ ante la falta de pruebas.
7 Ricardo González por su buen comportamiento no tuvo que _____ toda su _____.
8 Al presentar nuevas pruebas y repetirse el juicio, la sentencia fue _____.
9 Al final lo metieron en la cárcel porque ese ladrón ya había sido _____ tres veces en el mismo mes.
10 Los terroristas tuvieron _____ al dueño de la furgoneta durante tres días para que no denunciara el robo.

4 Completa la siguiente tabla.

crimen	criminal	verbo
robo	ladrón	robar
asesinato		
evasión		
asalto		
secuestro		
tráfico		

5 Subraya el verbo adecuado.

1 Siempre que voy de viaje, me <u>llevo</u> / lleve mi ordenador.
2 Mientras *haga / hace* frío, encenderé la chimenea.
3 Iré contigo al teatro siempre que tú *sacas / saques* las entradas.
4 Mientras no *llueva / llueve*, no podré cambiar el agua de la piscina.
5 Celebraremos la fiesta en tu casa siempre que tu *estás / estés* de acuerdo.
6 Friega los cacharros mientras yo *pongo / ponga* la lavadora.
7 Siempre que *quieras / quieres* ir a la montaña, llámame, yo iré contigo.
8 Mientras que no *sabemos / sepamos* las fechas de las vacaciones, no podremos organizar el viaje.
9 Llegaremos a tiempo siempre que te *das / des* prisa.

6 Escribe el verbo en la forma adecuada.

1 Siempre que te <u>duela</u> (doler) la cabeza, tómate una aspirina.
2 Mientras _____ (hacer) buen tiempo, daremos largos paseos por el monte.
3 Siempre que yo la _____ (saludar), ella no me contestaba.
4 Mientras tuve dolores de espalda, no _____ (poder) ir a trabajar.
5 Siempre que la llamaba, _____ (venir) a visitarme.
6 Te lo enviaré por correo, siempre que te _____ (parecer) bien.
7 Mientras hablaba con el móvil, se _____ (caer) por las escaleras.
8 No me importa hacer las camas, siempre que tú _____ (sacar) el perro a pasear.
9 Mientras nosotras _____ (ir) de compras, Juan preparó la cena.
10 Los niños _____ (hacer) sus deberes mientras yo fui al médico.

7 Relaciona los titulares periodísticos.

1 El director del Banco Nacional ha sido secuestrado ☐
2 La conocida empresa de productos lácteos ha sido denunciada ☐
3 La policía del aeropuerto ha sido sobornada ☐
4 La famosa cantante ha sido acusada ☐
5 Muere el sospechoso de homicidio ☐

a por delito contra la salud pública.
b cuando salía de su domicilio.
c por el Ministerio de Hacienda de evasión de impuestos.
d a causa de un disparo de la policía.
e por una banda de narcotraficantes que introducía droga en maletas.

B Me han robado la cartera

1 Elige la opción correcta.

1 No conozco a nadie que *ha aprendido* / <u>haya aprendido</u> a leer antes de los tres años.
2 Ayer leí el artículo que *escribió / escribiera* Javier Marías en El País.
3 ¿Conoces a alguien que *ha estado / haya estado* en la India?
4 La profesora me dijo que el examen *era / fuera* mañana.
5 No tengo ni idea del tipo de música que le *gusto / gusta*.
6 Dime qué comida *prefieres / prefieras*.
7 He vuelto a ver a la vecina que *viva / vive* en el tercero.
8 Este es el amigo que te *presenté / presentara* la semana pasada.
9 ¿Sabes de alguien que *pueda / puede* dejarme una escalera?
10 La habitación que *esté / está* al fondo es la vuestra.

10

2 Pon el verbo en la forma correcta.

1. El médico que me _atendió_ (atender) era muy amable.
2. Aunque te resulte increíble, aún hay jefes que _____ (escribir) cartas, y secretarias que _____ (tomar) nota.
3. En los primeros tiempos de su noviazgo no había día en que no _____ (recibir) una carta de amor.
4. Mis padres eran de esos que _____ (preocuparse) mucho por la educación de sus hijos.
5. Déjame ver la carta que te _____ (enviar) tus amigos.
6. No creo que en la sala hubiera nadie que _____ (saber) quién era Alberto López.
7. Tuvimos la suerte de poder entrevistar a la señora a la que le _____ (tocar) la lotería.
8. Julieta fue al festival de cine de Málaga, pero no vio ninguna película que le _____ (gustar).
9. **A** ¿Conoces a alguien que _____ (poder) venir a pintarme la casa?
   B Sí, conozco a un chico que _____ (pintar) muy bien y no _____ (ser) caro. Se llama Vicente.
10. El premio quedó desierto porque no encontraron ningún cuadro que lo _____ (merecer).
11. Por favor, Pedro, ponme un kilo de peras que no _____ (estar) muy maduras, es que son para llevármelas de excursión.
12. Los que no _____ (saber) hacer paella se retiraron en seguida del concurso.

3 Completa las frases con tu opinión personal.

1. Me gusta la gente que _____ .
2. No me gusta la gente que _____ .
3. Me encantaría conocer a alguien que _____ .
4. Me gustaría viajar con gente que _____ .
5. Antes no me gustaba la gente que _____ .
6. No conozco a nadie que _____ .

4 Completa las frases con _el / la / los / las / lo que_.

1. Sara es _la que_ ha cargado con toda la responsabilidad.
2. El equipo de mis amigos es _____ ganó el campeonato.
3. Ese chico es _____ descubrió al ladrón.
4. Ángela y Rosa son _____ me hablaron de tu problema.
5. Fueron mis padres _____ se lo compraron.
6. La maleta de Pedro es _____ se ha perdido.
7. Esto no es _____ te mandó el médico.
8. Es mi tío Juan _____ vive en Brasil.
9. Su novia es _____ no quiso venir a la fiesta.
10. En esta película es el protagonista _____ muere.
11. Nadie sabe _____ le costó el bolso a Pilar.

5 Completa el siguiente texto con los verbos en su tiempo adecuado.

Con la nueva normativa del carné por puntos se penalizará con pérdida de puntos a aquellos conductores que (1) _adelanten_ (adelantar) en zonas prohibidas, que (2) _____ (conducir) ebrios o que no (3) _____ (llevar) puesto el cinturón de seguridad. Asimismo será penalizado el conductor que (4) _____ (circular) sin poseer el permiso de circulación, así como quien no (5) _____ (tener) el vehículo asegurado. Por supuesto, todos aquellos conductores que (6) _____ (ir) a una velocidad superior al doble de la permitida podrán ser sancionados hasta con la pérdida del carné. Estas son las sanciones más frecuentes, pero si además usted (7) _____ (hablar) por su móvil mientras conduce o no (8) _____ (llevar) encendidas las luces en días de lluvia o niebla, será también sancionado.

En esta misma normativa se premia con puntos adicionales a los conductores que después de un año no (9) _____ (ser) sancionados. Esperamos que no sea usted uno de los primeros que (10) _____ (sufrir) pérdida de puntos y que consiga después de un año los beneficios de la prudencia.

C Se me ha estropeado el coche

1 Completa el texto con las palabras del recuadro.

> cinturón de seguridad • limpiaparabrisas
> volante • faros • neumáticos • rueda
> intermitentes • ~~espejos retrovisores~~ • frenos
> depósito de gasolina • carrocería

Antes de iniciar un viaje

En la época de vacaciones se multiplican los viajes largos en coche. Toma nota de nuestros consejos para llegar en forma a tu destino.

→ Antes de arrancar comprueba que los (1) <u>espejos retrovisores</u> están colocados correctamente: en los laterales debes ver parte de la (2)_____, ya que un ángulo cerrado nos impedirá controlar algunos vehículos que nos adelanten por la izquierda.

→ Si llevas pasajeros, recuerda que también deben ponerse el (3)_____, que es obligatorio incluso para las plazas traseras.

→ Antes de ponerte en marcha es conveniente comprobar la presión de los (4)_____, para lograr una mayor estabilidad del vehículo. Asimismo comprueba la presión de la (5)_____ de repuesto.

→ Observa si las luces de los (6)_____, de los (7)_____ y de los (8)_____ están en buen estado.

→ Conviene salir con el (9)_____ lleno para tener un mayor margen de tiempo antes de realizar la primera parada.

→ Es muy peligroso que los (10)_____ estén deteriorados. Conviene cambiarlos al menos una vez al año.

→ Acostúmbrate a llevar siempre las manos en el (11)_____ : la maniobra de cambio de marchas debe ser rápida y efectiva.

El seguimiento de todos estos consejos, te ayudará a llegar a tu destino sano y salvo.

2 Lee el texto de nuevo y contesta a las siguientes preguntas.

1 ¿Cuál es la posición correcta de los espejos retrovisores? _____
2 ¿A quién obliga la ley a llevar puesto el cinturón de seguridad? _____
3 ¿Qué puede provocar una desestabilización del coche? _____
4 ¿Qué luces no pueden fallar al ponernos al volante? _____
5 ¿Qué parte del coche nos ayuda a mejorar la visibilidad en días de lluvia? _____

3 Construye frases utilizando los pronombres *se + me / te / le / nos / os / les*, como en el ejemplo.

Ej.: olvidar / llamarte / a mí: <u>Se me ha olvidado llamarte.</u>

1 perder / el móvil / a ella
_____
2 caer / un diente / a él
_____
3 escapar / el perro / a ellos
_____
4 ir / el autobús / a nosotros
_____
5 quemar / las lentejas / a ti
_____
6 bloquear / el ordenador / a mí
_____
7 inundar / la casa / a ellos
_____
8 hacer / tarde / a vosotros
_____
9 romper / el motor / a nosotros
_____
10 estropear / las vacaciones / a ellos
_____

4 ¿Qué les ha ocurrido a los siguientes personajes?

1 (pinchar) _____

2 (manchar) _____

3 (ocurrir) _____

4 (escapar) _____

5 (acabar) _____

6 (quemar) _____

7 (romper) _____

8 (caer) _____

5 🔊 Una vez al año, los vehículos de más de cinco años de antigüedad están obligados a pasar una Inspección Técnica (ITV). Escucha al propietario de un vehículo hablando con su mecánico sobre este tema. Indica de cuáles de los siguientes temas hablan en su conversación.

- ☐ 1 aceite
- ☐ 2 ruedas
- ☐ 3 anticongelante
- ☐ 4 batería
- ☐ 5 luces
- ☐ 6 correa del ventilador
- ☐ 7 limpiaparabrisas
- ☐ 8 amortiguadores
- ☐ 9 frenos
- ☐ 10 gases

6 🔊 Escucha de nuevo la audición y contesta a las siguientes preguntas.

1. ¿Por qué lleva el cliente el coche a revisión?
2. ¿Qué problema tienen los frenos de su coche?
3. ¿Y las luces?
4. ¿Cada cuántos kilómetros se deben cambiar las ruedas de los coches?
5. ¿Qué controla especialmente la Inspección de Vehículos?
6. Aprovechando que el coche está en el taller, ¿qué otra cosa le sugiere al mecánico que haga?
7. ¿En qué caso llamaría el mecánico al cliente?
8. ¿Qué le pide el cliente al mecánico en el último momento?

7 Lee el siguiente texto y contesta a las preguntas.

1. ¿Quiénes son los máximos responsables de cuidar la seguridad en nuestras carreteras?
2. ¿Cuál es el objetivo fundamental de la existencia de unas reglas circulatorias?
3. ¿Por qué es necesaria su renovación con el paso del tiempo?
4. Sí utilizas un aparato para localizar el lugar dónde pueden medir a qué velocidad circulas, ¿a qué sanciones te expones?
5. ¿Qué nuevas obligaciones van a tener los peatones con las nuevas normas cuando las incumplan?

NUEVAS NORMAS DE CIRCULACIÓN

La seguridad vial nos afecta a todos. Los accidentes de circulación y sus graves consecuencias sociales, económicas y personales alcanzan tal magnitud que obligan, tanto a las administraciones públicas como a los ciudadanos, a no bajar la guardia en ningún momento y tratar de adecuarse a la realidad del tráfico en todas sus vertientes.

En el deseo de reducir al máximo las situaciones de riesgo en la conducción, se han previsto nuevas normas, entre las que se encuentran aquellas que recogen, y en su caso limitan, el uso de algunos elementos que, desde hace poco tiempo se han incorporado a nuestra vida cotidiana y la de nuestros vehículos: por ejemplo, serán sancionados los conductores que utilicen el teléfono móvil mientras estén conduciendo; no estarán autorizadas las pantallas con imágenes ni los dispositivos de telepeaje que puedan alterar la atención del conductor…

Asimismo tendremos que aprender a reconocer algunas nuevas señales y, en particular, las que se refieren a los agentes de circulación.

El Gobierno ha introducido una serie de novedades en estas nuevas normas de circulación. Ahora los conductores que circulen por las carreteras de España irán más seguros, pero tendrán nuevas exigencias. Al que conduzca bajo los efectos del alcohol se le sancionará con una multa de 1000 euros. Aquel que use un detector de radares corre el riesgo de perder tres puntos de su carné y pagar una sanción de hasta 6000 euros.

Otra de las novedades que incorpora la nueva Ley de Tráfico afecta a los peatones. Cuando la norma entre en vigor, los viandantes que cometan una infracción estarán obligados a someterse a una prueba de detección de drogas y de alcoholemia.

Ahora bien, tan importante como las novedades en sí es que los ciudadanos las conozcan y las pongan en práctica. El objetivo final es luchar contra los accidentes de tráfico y mejorar la seguridad vial, una seguridad que nos afecta a todos.

Dirección General de Tráfico

11 El clima

A Animales

1 Relaciona cada columna para obtener una frase hecha con nombres de animales.

1. Hace un día de…
2. Estar más loco que una…
3. Ser más lento que una…
4. Llevarse como…
5. Ser astuto como un…
6. Ser tan terco como una…
7. Ser más cobarde que las…
8. Beber menos que un…
9. Cantar como un…
10. Ser ahorrador como una…
11. Estar fuerte como un…

a … camello
b … tortuga
c … el perro y el gato
d … hormiga
e … cabra
f … ruiseñor
g … perros
h … zorro
i … toro
j … gallinas
k … mula

2 Completa con las frases hechas del ejercicio anterior.

1. Tu hermano insistía e insistía en que lo que él decía era verdad. No atiende a razones, <u>es tan terco como una mula</u>.
2. Todos entramos en aquella casa a pesar de que estábamos muertos de miedo. El único que no entró fue Antonio, _____.
3. Recuerdo que cuando fuimos de excursión, llevamos solamente una cantimplora, menos mal que María _____.
4. Jaime ha conseguido comprarse una casa. Gana muy poco, pero _____.
5. Es mejor que quedemos otro día para dar el paseo, hoy _____.
6. Daba gusto escucharle, yo iba a verlo actuar siempre que podía, _____.
7. Siempre hay que insistirle para que haga las cosas y cuando las hace tarda siglos, _____.
8. Si te alimentas bien, te pondrás _____.
9. Creo que nunca he conocido a dos hermanos que tengan esa relación, _____.
10. El verano pasado, cuando estuvimos en Galicia, fuimos a una playa y David se bañó diluviando, _____.
11. Con su estrategia en la carrera demostró _____.

3 Además de frases hechas con nombres de animales, existen también muchas fábulas que tienen animales como protagonistas.
Lee esta adaptación moderna de una fábula universal y completa los huecos con las preposiciones del recuadro.

| desde • por • para (x 2) • hasta • ~~sin~~ |

La fábula de
la cigarra y la hormiga
en *versión moderna*

Había una vez una Hormiguita y una Cigarra que eran muy amigas. Durante todo el verano y el otoño la Hormiguita trabajó (1) <u>sin</u> parar, almacenando comida (2)_____ el invierno. No aprovechó el sol, la brisa suave al caer la tarde, ni la charla con amigos, tomando una cervecita después de un día de labor.

Mientras tanto, la Cigarra solo andaba cantando con los amigos en los bares de la ciudad, no desperdició ni un minuto siquiera, cantó durante todo el otoño, bailó, aprovechó el sol, disfrutó muchísimo sin preocuparse por el mal tiempo que estaba (3)_____ venir. Pasados unos días, terminó el otoño y empezó el frío, la Hormiguita, exhausta de tanto trabajar se metió en su pobre guarida, repleta (4)_____ el techo de comida.

4 Escribe al menos 5 diferencias que existen entre esta adaptación y la fábula original. (Si no conoces la fábula original, búscala en internet).

Fábula original	Fábula adaptada

5 Vuelve a leer la fábula y transforma en estilo indirecto los diálogos que aparecen en el texto.

1 *La Cigarra saludó a la hormiga y le dijo que iba a pasar el invierno en París y que si podría cuidar de su casita.*

2 La Hormiga le respondió que _____
_____
_____
_____.

3 Y la Cigarra le respondió que _____
_____
_____
_____.

4 Y la Hormiga le dijo que _____
_____
_____
_____.

Entonces, alguien la llamó por su nombre (5)_____ fuera y cuando abrió la puerta tuvo una sorpresa mayor, al ver a su amiga, la Cigarra, conduciendo un poderoso y hermoso Ferrari y con un valioso abrigo de pieles.

La Cigarra le dijo: "¡Hola amiga! Voy a pasar el invierno en París. ¿Podrías cuidar de mi casita?".

La Hormiguita respondió: "¡Claro! Sin problemas. ¿Pero qué ha pasado? ¿Dónde has conseguido el dinero (6)_____ ir a París, comprar este Ferrari, y ese abrigo tan bonito y tan caro?".

Y la Cigarra respondió: "Pues algo increíble. Estaba cantando en un bar la semana pasada, y a un productor francés le gustó mi voz. Firmé un contrato para hacer espectáculos en París. A propósito, ¿necesitas algo de allí?".

"Sí", dijo la Hormiguita, "si te encontraras a La Fontaine (autor de la fábula original), dile, de mi parte, ¡que N💣☠N💣☠!"

~~~

Moraleja...

*Aprovecha la vida, aprende
a dosificar trabajo y diversión,
pues trabajar demasiado,
solo trae beneficios
en las fábulas de La Fontaine.*

~~~

(Adaptado de internet)

11 B El clima

1 Lee el texto y completa con las palabras del recuadro.

> irradiación solar • energía solar
> ~~temperatura global~~ • dióxido de carbono
> atmósfera • efecto invernadero (x 2)
> erupciones volcánicas • deforestación

2 Señala la respuesta correcta a las siguientes preguntas.

1. ¿Cuáles son las causas del cambio climático según el texto?
   - [ ] **a** El hombre
   - [ ] **b** Causas naturales
   - [ ] **c** Ambas
2. ¿Fue siempre negativo el efecto invernadero?
   - [ ] **a** Sí
   - [ ] **b** No, porque antes permitía mantener una cierta temperatura
   - [ ] **c** No, porque ahora es una vía de escape de la concentración de gases
3. ¿Cuál es la causa del efecto invernadero?
   - [ ] **a** La concentración de gases
   - [ ] **b** Los combustibles fósiles y las prácticas agrícolas
   - [ ] **c** Las actividades industriales

PERO, ¿ES EL HOMBRE EL CAUSANTE DEL CAMBIO?

La idea de que la (1) <u>temperatura global</u> está aumentando es unánime entre los científicos; las causas, sin embargo, pueden encontrarse en múltiples orígenes e interaccionar entre ellas. Aun así, los últimos informes científicos demuestran que la influencia humana es cada vez más evidente y puede diferenciarse de causas naturales, como la (2)_____, las (3)_____ o la misma variabilidad interna del clima.

Para entenderlo se tienen que tener en cuenta los factores que determinan la temperatura terrestre. La (4)_____ es el motor climático del planeta. Cuando las radiaciones llegan a la (5)_____, una pequeña parte de ellas se refleja y se pierde en el espacio; el resto llega a la superficie terrestre que, a su vez, absorbe una parte y refleja el resto, pero con una diferencia, las radiaciones han cambiado sus características físicas al entrar en la atmósfera y aunque han penetrado sin dificultad ya no se les permite salir y son absorbidas. Este fenómeno, conocido como (6)_____, es causado por los gases que componen la atmósfera. El vapor de agua, el dióxido de carbono, el metano, el óxido nitroso y otros gases de origen industrial son los principales responsables de la retención del calor.

El (7)_____ en sí es un fenómeno natural y, además, imprescindible para mantener una temperatura relativamente alta y constante que permita la vida en el planeta. Pero, desde la Revolución Industrial, la concentración de los gases que lo producen se ha disparado y no cesa de aumentar. Actividades humanas, en especial la quema de combustibles fósiles, la (8)_____ y determinadas prácticas agrícolas han convertido el (9)_____ el principal gas de efecto invernadero, con un aumento del 31% desde 1750. Otros gases como los CFC (clorofluorocarbonos) ni siquiera existirían en la atmósfera si no fuera por las actividades industriales. La contribución porcentual de estas actividades en el cambio climático no está bien determinada, lo que sí se sabe con certeza es que la temperatura aumenta por su causa y que su influencia será mayor en el futuro.

(Adaptado de www.lavanguardia.es)

3 Completa las frases con las palabras del recuadro.

> absorberla • ciclón • nevadas • desbordaran
> tormenta • sudar • deshidratación • huracán
> se normalizó • inundadas • ~~precipitaciones~~

1 Las <u>precipitaciones</u> provocaron desprendimientos en algunas carreteras y se temió que varios ríos se _____, aunque durante el día la situación _____.
2 Cuando hace mucho calor, una persona puede llegar a _____ un litro de agua cada dos horas. El organismo enviará esa cantidad de agua a la piel aunque para ello tenga que _____ del espacio extracelular.
3 Los especialistas aconsejan que las personas beban aproximadamente un vaso de agua cada media hora para evitar la _____.
4 En las próximas horas se esperan lluvias y _____.
5 El paso del _____ dejó las islas _____.
6 El _____ Joyce tiene, en estos momentos, la categoría de _____.

4 Elige la opción adecuada.

1 Aunque me <u>seleccionen</u> / *seleccionan* para el trabajo, lo rechazaré.
2 Por más que *grite* / *gritó*, nadie la va a oír.
3 Aunque *hayas aprobado* / *has aprobado*, no has salido en las listas.
4 Tuve mucho frío, aunque *iba* / *fuera* muy abrigado.
5 Aunque *hubieras venido* / *habías venido*, no te habría servido de nada.
6 No lo entenderé jamás aunque me lo *expliques* / *explicas* miles de veces.
7 Aquel día habíamos salido muy temprano aunque no *fuera* / *había sido* muy normal en mi familia.
8 Aunque *tienes* / *tengas* treinta años, tendrás los mismos gustos que ahora.
9 Lo diría una y otra vez aunque *estuviera* / *había estado* mal dicho.
10 Por mucho que *llovió* / *lloviera,* no ha servido para erradicar la sequía.

5 🔊11 Escucha la predicción del tiempo para mañana en España y dibuja los símbolos donde consideres necesario.

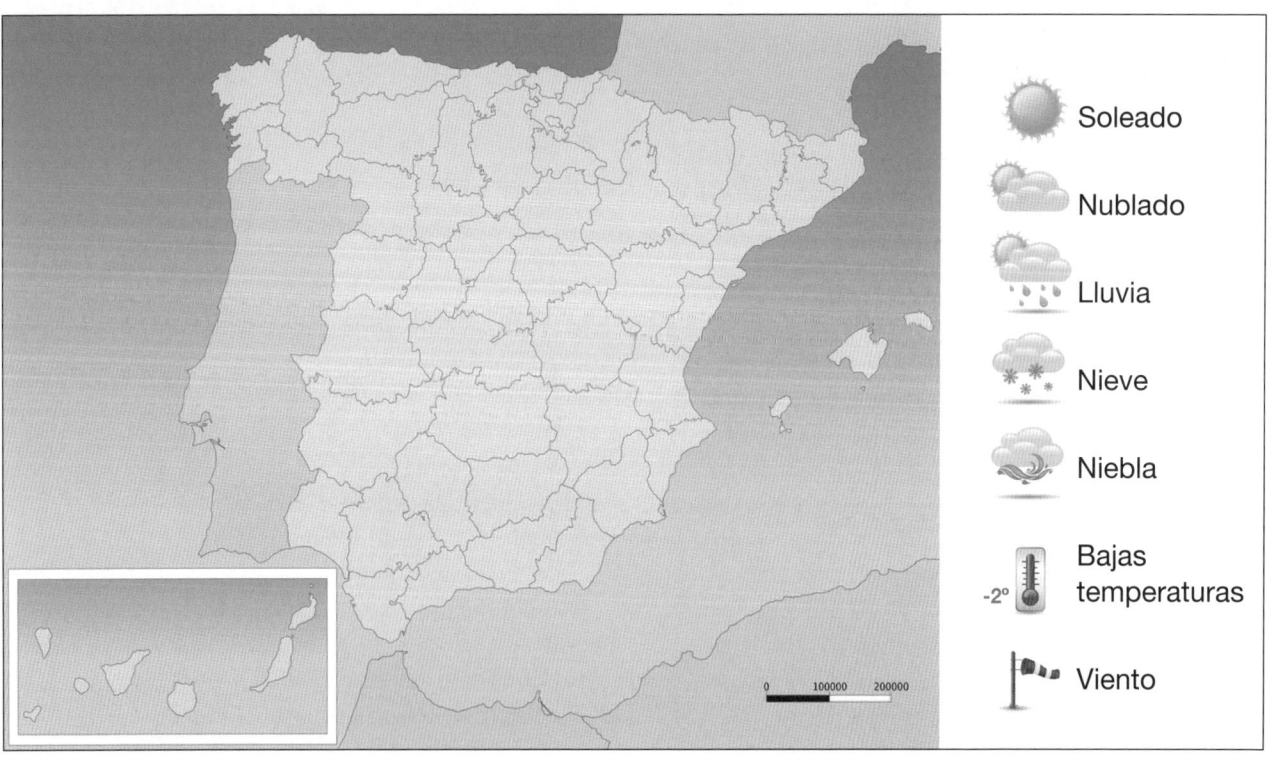

C Desastres naturales

1 Completa con el verbo en su forma adecuada.

¿Qué hacer frente a un tsunami?

1. Si vive en la costa y <u>siente</u> (sentir) un terremoto lo suficientemente fuerte para agrietar muros, es posible que dentro de los veinte minutos siguientes _____ (poder) producirse un maremoto o tsunami.

2. Si es alertado de la proximidad de un maremoto o tsunami, _____ (situarse) en una zona alta de al menos 30 metros sobre el nivel del mar.

3. Si observa que el mar deja en seco grandes extensiones del fondo marino, _____ (correr), no _____ (detenerse), _____ (alejarse) hacia una zona elevada.

4. Si se encuentra en una embarcación, _____ (dirigirse) rápidamente mar adentro.

5. _____ (Tener) siempre presente que un tsunami puede penetrar por ríos, quebradas o marismas, varios kilómetros tierra adentro, por lo tanto hay que alejarse de estos.

6. Un tsunami puede tener diez o más olas destructivas en 12 horas; _____ (procurar) tener a mano ropa de abrigo, especialmente para los niños.

7. _____ (Instruir) a su familia sobre la ruta de huida y lugar de reunión posterior.

8. _____ (Guardar) un aparato de radio portátil, que le permita estar informado, y pilas secas de repuesto.

2 ¿De qué palabras provienen estos diminutivos?

1. flaquita: <u>flaca</u>
2. pobrecillo: _____
3. abuelete: _____
4. boquita: _____
5. guapillo: _____
6. cinturita: _____
7. dientecillos: _____
8. rellenito: _____
9. plazuela: _____
10. naricilla: _____
11. maletín: _____
12. amiguitos: _____

3 Completa las siguientes frases con algunas de las palabras de la actividad anterior.

1. **A** ¡No me habías dicho que tu hermano estuviera como un tren!
   B Bueno, chica, es <u>guapillo,</u> pero no es para tanto.
2. No sé por qué se empeña en hacer dietas continuamente, tiene una _____ de avispa.
3. **A** ¡Tengo que ponerme a dieta, me he puesto como una foca!
   B Hombre, no es para tanto, solo estás un poco _____.
4. ¡Qué rico es tu bebé! ¡Anda!, pero si ya tiene _____.
5. ¡Vaya _____ que tienes! Al final se lo soltaste todo y ella se enteró de la fiesta sorpresa que le estábamos preparando.
6. **A** ¿Te has enterado? Mario ha tenido un accidente.
   B ¡_____! ¿Qué tal está?
7. **A** ¿Has llevado a la niña al pediatra?
   B Sí. Yo sigo pensando que está un poco _____ para su edad.
8. ¡Qué _____ más respingona tenías de pequeño!
9. Cuando era pequeña, quedaba con mis amigos en la _____ del pueblo.
10. Carlos está muy envejecido, parece un _____.
11. ¿Quieres ir a jugar al parque con tus _____?
12. Me he dejado el _____ en la oficina.

4 Busca en la sopa de letras 7 palabras relacionadas con desastres naturales.

U	T	S	U	N	A	M	I
E	D	I	T	J	U	T	A
O	S	M	O	E	O	E	R
A	E	S	R	L	R	R	J
U	Q	A	N	O	I	R	A
E	U	Z	A	X	A	E	S
E	Í	Z	D	E	D	M	T
O	A	S	O	L	A	O	I
L	I	A	D	E	S	T	F
N	A	C	L	O	V	O	Ó
E	R	U	P	C	I	Ó	N

5 Escucha a un locutor en la radio hablando sobre las medidas generales ante un huracán. Aquí tienes algunas imágenes relacionadas con el texto que vas a escuchar. ¿Cuáles se mencionan?

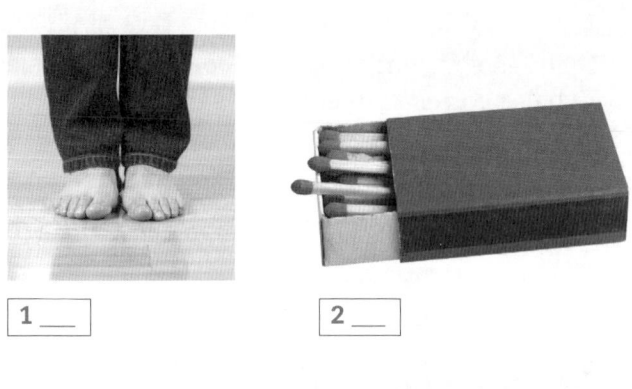

1 ___   2 ___

3  ___   4  ___   5  ___   6 ___

7 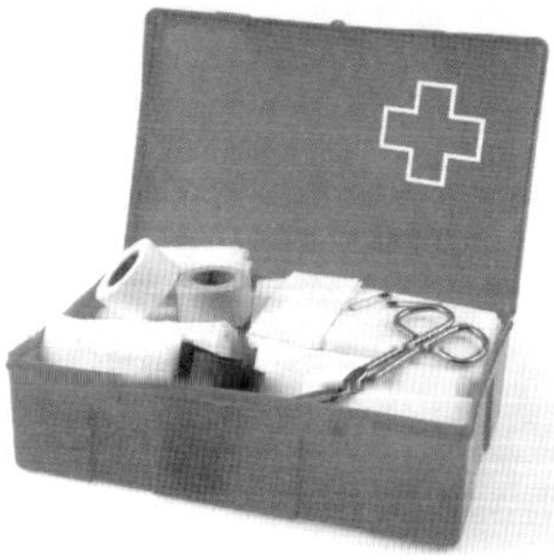 ___   8  ___   9 ___

10  ___   11  ___   12 ___

12 Arte y literatura

A Ficciones

1 Lee este fragmento de una conocida autora española. Completa los huecos con los tiempos verbales correspondientes. Te servirá para repasar las oraciones condicionales y el subjuntivo.

–Verás, papá, este verano voy a cumplir diecisiete años… –intentaba improvisar, pero él echó una ojeada a su reloj y, como de costumbre, no me dejó terminar.

–Uno, si quieres dinero, no (1) _hay_ (haber) dinero, no sé en qué os lo gastáis. Dos, si te quieres ir en julio a Inglaterra a mejorar tu inglés, (2)_____ (yo, parecer) muy bien, y a ver si convences a tu hermana para que (3)_____ (irse) contigo, estoy deseando que me dejéis en paz de una vez. Tres, si vas a suspender más de dos asignaturas, este verano (4)_____ (tú, quedarse) estudiando en Madrid, lo siento. Cuatro, si te quieres sacar el carné de conducir, te compro un coche en cuanto (5)_____ (tú, cumplir) dieciocho, con la condición de que, a partir de ahora, (6)_____ (tú, ser) tú la que pasee a tu madre. Cinco, si te has hecho del Partido Comunista, (7)_____ (tú, estar) automáticamente desheredada desde este mismo momento. Seis, si lo que quieres es casarte, te lo (8)_____ (yo, prohibir) porque eres muy joven y harías una tontería. Siete, si insistes a pesar de todo, porque estás segura de haber encontrado el amor de tu vida y si no te dejo casarte (9)_____ (tú, suicidarse), primero me (10)_____ (yo, negar) aunque posiblemente, dentro de un año, o a lo mejor hasta dos, (11)_____ (yo, terminar) apoyándote solo para perderte de vista. Ocho, si has tenido la sensatez, que lo dudo, de buscarte un novio que te (12)_____ (convenir) aquí en Madrid, puede subir a casa cuando (13)_____ (él, querer), preferiblemente en mis ausencias. Nueve, si lo que pretendes es llegar más tarde por las noches, no te dejo, las once y media ya está bien para dos micos como vosotras. Y diez, si quieres tomar la píldora, me parece bien, pero que no (14)_____ (enterarse) tu madre.

ALMUDENA GRANDES
(Adaptado de *Malena es un nombre de tango*)

2 En el texto aparecen cinco palabras o frases características de un registro coloquial y de la lengua oral. Busca en el texto estas cinco palabras o frases, que signifiquen:

1 Mirar rápidamente. _Echar una ojeada_
2 No molestar. _____
3 Cometer un error. _____
4 No verte más. _____
5 Nombre para referirse cariñosamente a los niños. _____

3 Elige la preposición adecuada. Si pudieran ser las dos opciones explica el significado de cada una de ellas.

1 La comisión de fiestas tiene prevista una gran verbena amenizada *por* / *para* las orquestas Asia e Internacional.
2 Es la única ocasión anual en la que bajan *por* / *para* el río Esca los remeros.
3 Resulta muy difícil entender hoy cómo aquel horror pudo pasar inadvertido *por* / *para* el resto del mundo.
4 Aquel día iniciaron una amistad *por* / *para* siempre.
5 Televisaron el partido *por* / *para* un canal autonómico.
6 El acceso a la carretera que conduce a tu casa se encuentra cerrado *por* / *para* obras.
7 Salió de la oficina como un rayo *por* / *para* entrar minutos después pidiendo mil y una disculpas.
8 El ordenador se ha convertido en una herramienta esencial *por* / *para* trabajar.
9 Parte de la deuda está relacionada con los trabajos realizados *por* / *para* la empresa Prochacón.
10 La obra del escritor fue considerada como una ofensa *por* / *para* muchos de sus amigos.

4 Relaciona cada frase con el valor que aporta la preposición *por* o *para* dentro de ella.

1. Lo metieron en la cárcel por delincuente.
2. Quiero verlo para hablar con él.
3. Empezamos a salir allá por el año 89.
4. Mañana mismo nos iremos para Galicia.
5. Tu hermano saltó la verja y entró por la ventana.
6. Solamente me cortaría el pelo por mucho dinero.
7. Estuve toda la tarde paseando por el barrio.
8. El coche ha sido robado por unos individuos enmascarados.
9. Para Juan, el país más increíble es Japón.
10. Las obras del estadio habrán finalizado para el 2020.

a Complemento agente
b Lugar, a través de
c Lugar, dirección
d Lugar aproximado
e Tiempo aproximado
f Opinión
g Finalidad
h Tiempo
i Intercambio
j Causa

5 Completa con la preposición más adecuada, *por* o *para*.

1. *Para* lo que hablaste, hubiese sido mejor que te quedaras en casa.
2. El paquete de correos que ha llegado es _____ ti, ábrelo.
3. Al final conseguí el reloj _____ 30 € menos.
4. _____ ver a Joaquín Cortés hay que pagar 60 € por persona.
5. No han podido mudarse a su nueva casa porque todavía estaba la mudanza _____ hacer.
6. La cláusula quinta del contrato fue aprobada _____ unanimidad.
7. Me ha tocado un vale _____ canjear por cualquier producto de la marca Tiver.
8. ¡María!, ¡date prisa!, te llaman _____ teléfono.
9. Por favor, no salgas a la calle _____ la puerta principal.
10. Tu artículo ya está _____ salir. En pocos días podremos ver la revista en el kiosco.

6 Completa el siguiente relato corto con las preposiciones *por* y *para*. Después, escucha y comprueba tus respuestas.

La mujer del molinero fue despertada _____ (1) el inoportuno trueno. Asombrada, descubrió que su marido no se encontraba a su lado. Corrió al comedor y, aferrando una rama del fuego, la acercó a la esfera del reloj. Apenas hacía una hora que se habían acostado.

Horas después, simuló dormir cuando escuchó el delator chirrido de la puerta. Él, sigiloso, se desnudó _____ (2) acostarse con esmerada prudencia. Así transcurrieron las noches. Ella lo esperaba despierta, como siempre, y se acostaban juntos. Cuando la creía dormida, volvía a levantarse y se marchaba una vez más _____ (3) volver dos horas más tarde.

Ahogada _____ (4) la intriga un día lo siguió. Asombrada, lo vio entrar en el molino y cargar algunos sacos de harina en el carro de reparto. Seguramente los había molido a escondidas, cuando la invitaba a irse a casa un poco antes que él una vez terminada la jornada. Pronto sacó sus conclusiones: el muy ruin, avaro _____ (5) naturaleza, seguro que pensaba canjear los sacos en el burdel _____ (6) algún que otro favor. La miseria azotaba el feudo, a causa de la pasada peste, y las prostitutas aceptarían el alimento como caído del cielo. ¡Maldito mil veces! Ya lo había visto antes mirar de reojo hacia aquella casa de indecencia camino de la panadería.

Así, la mujer continuó siguiéndolo todas las noches, una tras otra, _____ (7) sorprenderlo en plena acción, mas la sorpresa fue suya: el primer saco lo dejó en casa de la viuda, una desgraciada mujer de pellejos colgantes, envejecida antes de tiempo _____ (8) el desgaste de criar a cuatro hijos. El molinero iba dejando los sacos en las puertas de las familias más miserables y hambrientas del feudo, _____ (9) volver al hogar con el carro vacío. Mientras lo guardaba en el molino, la torpe espía corrió a su casa y se acostó... A los pocos minutos, llegó el marido con el sigilo de siempre. Se desvistió y se echó en la cama. Con el tiempo, se comenzó a escuchar _____ (10) el feudo una extraña leyenda sobre un duende nocturno que robaba la harina del molino repartiéndola entre los más necesitados. El duende castigaba de esta forma la conocida avaricia del molinero, que jamás se apiadó de nadie. Ningún aldeano lo pudo ver nunca, pues el que lo viera perdería sus gracias y favores.

Así vivió aquella familia con sus secretos y misterios. Ella jamás le preguntó a él adónde se marchaba todas las noches... Él tampoco se atrevió a averiguar la razón _____ (11) la que al volver le esperaban en la mesa bollos recién hechos acompañados de un gran tazón de leche.

Jesús Cano (http://www.adesasoc.org/relato.asp)

12

B Turismo cultural

Los desafíos del patrimonio histórico

España es uno de los destinos turísticos del mundo más demandados. En gran parte, los más de 53 millones de turistas que visitan nuestro país anualmente <u>son atraídos</u> por el clima y la oferta lúdica, pero un amplio porcentaje es seducido también por la belleza de sus monumentos y la singularidad de su cultura, algo que es uno de los grandes alicientes del turismo interior. El turismo cultural se está convirtiendo en uno de los grandes ganchos de esta gran industria del ocio –la Unesco la considera la más importante del mundo, por encima de la industria automovilística o química–, que se ha expandido en los últimos años en todo el mundo provocando una competencia feroz entre países, ciudades y parajes más o menos naturales.

Pero la turística es una industria depredadora –basta ver en qué ha sido convertida gran parte de la costa española– que nunca descansa y que fagocita todo aquello que encuentra. La riqueza que genera tiene sus contrapartidas en los daños, físicos y de apreciación estética, que la presencia masiva de turistas provoca en el patrimonio cultural. Es un problema común a muchos países, desde Egipto, en donde se plantean limitar el acceso al valle de los Reyes, a Francia, en donde cunde la preocupación por que el país se convierta en un parque temático.

El debate cultural sobre el fenómeno ha comenzado a tomar forma y una prueba es el encuentro profesional que ha sido celebrado del 26 al 28 de mayo en Barcelona titulado, "Nuevas políticas para el turismo cultural. Desafíos, rupturas y respuestas", que organiza la Fundación Caixa Catalunya, entidad que quiere liderar el debate sobre la relación entre turismo y cultura como gestora que es de La Pedrera, de Gaudí, calificada como Patrimonio de la Humanidad. Ha sido una oportunidad para analizar la situación de algunos de los principales objetivos del turismo cultural en España que oscilan entre el cierre total y la afluencia sin control.

(Adaptado de *El País*)

1 Lee este texto acerca del turismo cultural en España. En el texto aparecen cuatro construcciones pasivas. ¿Cuáles son?

1 _____
2 _____
3 _____
4 _____

2 Busca en el texto qué palabras o frases significan lo siguiente.

1 Relativo al juego: <u>lúdica</u>
2 Circunstancia que hace interesante un lugar: _____
3 Atracción que se siente hacia algo o hacia alguien: _____
4 Tiempo libre: _____
5 Grande, enorme: _____
6 Lugar: _____
7 Que roba o saquea con violencia y destrozo: _____
8 Absorber: _____
9 Multitudinaria: _____
10 Variar: _____

3 Completa las construcciones pasivas que aparecen en el texto.

> visitado • acometidas • demostrado
> dominada • invertida • inaugurado

MUSEO DEL PRADO
El poder de las exposiciones temporales

El Museo del Prado ha descubierto que la tendencia de los visitantes ha sido (1) _____ por las grandes exposiciones temporales. Esto ha sido (2) _____ por un estudio reciente que dice que los españoles que visitan estas muestras son el 60 %, y el resto son extranjeros, cuando la proporción de los que acuden cada día es la contraria. La afluencia de público está (3) _____ por el público extranjero, que ya ha superado los dos millones de personas al año. El Día Internacional del Museo, con entrada gratuita, fue (4) _____ por 11 000 personas. El director del museo señala la exposición de Velázquez en 1990, con medio millón de visitantes, como la llamada de urgencia para plantearse la ampliación con el claustro de los Jerónimos, que fue (5) _____ en 2006, después de un retraso respecto a los grandes museos, cuyas reformas fueron (6) _____ en los años setenta y ochenta.

4 Completa las frases con la forma pasiva con *ser* o *estar*.

1 Esta mañana su hermano <u>ha sido galardonado</u> (galardonar) con el premio Guay.
2 El edificio _____ (construir) el próximo año por la empresa encargada de su diseño.
3 El cuchillo _____ (hallar) por su vecino cuando paseaba por un parque cercano.
4 Los presuntos asesinos _____ (encarcelar) desde ayer por la noche.
5 Cuando tú llamaste, la programación de la televisión ya _____ (suspender).
6 Cuando terminó de dar la conferencia _____ (abuchear), por toda la gente de la sala.
7 El cristal ya _____ (romper) antes de que tú llegaras.
8 Cada año las aceitunas _____ (recoger) para elaborar el famoso aceite de oliva.
9 En aquella época, las chicas _____ (invitar) al cine por sus parejas.
10 Aquella mujer _____ (sentenciar) a tener aquel final desde que conoció a su compañero.
11 Recuerdo que todas las navidades la cena _____ (preparar) por tu madre.
12 Durante la construcción del embalse en 1974, _____ (encontrar) miles de fósiles que nunca _____ (declarar).
13 Los rehenes _____ (retener) por los atracadores durante más de seis horas.
14 Las fiestas de mi pueblo _____ (suspender) porque no hay gente voluntaria para formar una comisión de fiestas.
15 El escritor _____ (plagiar) en innumerables ocasiones por sus propios admiradores.

5 Completa las siguientes frases con los siguientes verbos en participio.

> traducir • reparar • resolver • castigar
> fabricar • reservar

1 Ayer vino el técnico a revisar la lavadora. ¡Por fin está _____ porque no funcionaba!
2 El caso está _____. El juez ha decidido que el acusado pague una multa.
3 Mi hijo hoy no sale a jugar: está _____.
4 El libro está _____ al inglés, pero al francés no.
5 Este producto está _____ en España y es de muy buena calidad.
6 Disculpe, ¿está _____ este asiento?

C ¿Sigues pintando?

1 Elige la perífrasis verbal correcta. Fíjate en el significado de la frase.

1 El otro día <u>tuve que</u> / *debí* ir a pasar la revisión al coche.
2 No *dejo de* / *vuelvo a* pensar en el cotilleo que me has contado esta mañana.
3 *Llevo* / *Voy* estudiando español desde que te conozco.
4 Si quieres mejorarlo, *debes de* / *debes* repetirlo una y otra vez.
5 *Hubo que* / *Debimos de* hacerlo, no nos quedó otro remedio.
6 Tu tío *tiene* / *lleva* perdido tanto dinero en el juego que ya he perdido la cuenta.
7 A pesar de su edad *sigue* / *lleva* estudiando como si tuviera 20 años.
8 Si no cuentas los días festivos, el curso *vuelve a* / *viene a* durar unos 15 días.
9 *Debe de* / *Acababa de* hacer frío. Veo que todos llevan bufanda y guantes.
10 Nunca había *tenido que* / *debido de* esperar tanto por una persona como hoy.

2 Marca la forma o formas que pueden utilizarse en las siguientes frases.

1 <u>Llevo</u> entrevistados a más de cien candidatos para el puesto de trabajo.
   a) Hemos   b) Tengo   c) Llevo
2 _____ preparando este examen desde hace al menos dos semanas.
   a) Llevo   b) Sigo   c) Empecé
3 ¿Has _____ pagar alguna vez alguna letra al banco?
   a) tenido que   b) dejado de   c) venido a
4 Cuando le dijeron la noticia, _____ saltar como un loco.
   a) se puso a   b) volvió a   c) tuvo que
5 Después de intentarlo una y otra vez, _____ dejarlo por imposible.
   a) dejó de   b) hubo que   c) vino a
6 Justo en el momento en el que se fue _____ diluviar.
   a) empezó a   b) vino a   c) tuvo que
7 Nunca entenderé tus reacciones, _____ cambiar tu forma de ser.
   a) deberías   b) volverías a   c) tendrías que

3 Explica el valor de las perífrasis verbales que aparecen en las siguientes oraciones.

1 Llevo esperando mi oportunidad laboral desde que terminé mis estudios.
   <u>Continuidad</u>
2 A ¿Cuántos kilómetros hay desde tu casa al colegio?
   B Vienen a ser 3 kilómetros y medio.
   _____
3 Cuando hablé con ella, ya llevaba recorrida la cuarta parte del camino.
   _____
4 No vuelvas a insultarme delante de mis superiores. No te lo permito.
   _____
5 Debes estudiar más si quieres tener una buena calificación.
   _____
6 Debemos de ser de los primeros en la lista.
   _____
7 He dejado de conducir en cuanto me he enterado de la noticia.
   _____
8 Hubo que sacarlo de allí con los medios de los que disponíamos.
   _____

PERÍFRASIS VERBALES

Son agrupaciones verbales que funcionan como una sola forma verbal.

- Continuidad
  Lleva exponiendo cuadros desde hace diez años.
- Interrupción y terminación
  María Luisa **ha dejado de ir** *a clase de pintura porque no avanzaba.*
- Obligación o necesidad
  Su hijo **debe estudiar** *más si quiere aprobar.*
- Probabilidad o suposición
  Este hombre **debe de ser** *muy rico, mira qué coche lleva.*
- Repetición
  Álvaro **ha vuelto a tener** *un accidente con el coche.*
- Aproximación
  Este pintor **viene a ganar** *veinte mil euros en cada exposición.*

4 Lee el comienzo de *Cien años de soledad*, el conocido libro de Gabriel García Márquez y complétalo con las perífrasis verbales del recuadro.

> consiguió disuadirlo • había de recordar • logró desenterrar • llevó a conocer
> ha de sobrarnos • se empeñó en demostrar • había que señalarlas • daban a conocer
> tratando de desenclavarse

Muchos años después, frente al pelotón de fusilamiento, el coronel Aureliano Buendía (1) _había de recordar_ aquella tarde remota en que su padre lo (2)_____ el hielo. Macondo era entonces una aldea de veinte casas de barro y cañabrava construidas a la orilla de un río de aguas diáfanas que se precipitaban por un lecho de piedras pulidas, blancas y enormes como huevos prehistóricos. El mundo era tan reciente, que muchas cosas carecían de nombre, y para mencionarlas (3)_____ con el dedo. Todos los años, por el mes de marzo, una familia de gitanos desarrapados plantaba su carpa cerca de la aldea, y con un grande alboroto de pitos y timbales (4)_____ los nuevos inventos. Primero llevaron el imán. Un gitano corpulento, de barba montaraz y manos de gorrión, que se presentó con el nombre de Melquíades, hizo una truculenta demostración pública de lo que él mismo llamaba la octava maravilla de los sabios alquimistas de Macedonia. Fue de casa en casa arrastrando dos lingotes metálicos, y todo el mundo se espantó al ver que los calderos, las pailas, las tenazas y los anafes se caían de su sitio, y las maderas crujían por la desesperación de los clavos y los tornillos (5)_____, y aun los objetos perdidos desde hacía mucho tiempo aparecían por donde más se les había buscado, y se arrastraban en desbandada turbulenta detrás de los hierros mágicos de Melquíades. "Las cosas tienen vida propia –pregonaba el gitano con áspero acento–, todo es cuestión de despertarles el ánima".

[...] Úrsula Iguarán, su mujer, que contaba con aquellos animales para ensanchar el desmedrado patrimonio doméstico, no (6)_____. "Muy pronto (7)_____ oro para empedrar la casa", replicó su marido. Durante varios meses, (8)_____ el acierto de sus conjeturas. Exploró palmo a palmo la región, inclusive el fondo del río, arrastrado los dos lingotes de hierro y recitando en voz alta el conjuro de Melquíades. Lo único que (9)_____ fue una armadura del siglo XV con todas sus partes soldadas por un cascote de óxido, cuyo interior tenía la resonancia hueca de un enorme calabazo lleno de piedras.

5 Relaciona cada perífrasis verbal que aparece en el texto con su valor.

1 iban precipitando —   **a** futuro o condicional
2 volvía a plantar   **b** idea de progresión en el desarrollo de un proceso
3 llevaba pregonando   **c** expresa la necesidad de manera impersonal
4 había que señalarlas   **d** repetición
5 debía de ser   **e** algo que se repite en el pasado y se acerca al presente
6 venía llamando   **f** continuidad
7 había de recordar   **g** probabilidad o suposición

Transcripciones

UNIDAD 1

C Una época para recordar

4 Pista 1

P.: ¿Cómo empezó a cantar?
R.: A los 16 años era la única chica del instituto a la que le gustaba la zarzuela y no la música moderna. No tenía muchos amigos, me enteré de que había un coro en el pueblo y me apunté.
P.: ¿Entonces se unió al coro para buscar amigos o su verdadero objetivo era cantar?
R.: Bueno, yo cantaba desde siempre, pero no pensaba ser cantante. Iba al coro porque me encontraba con gente que tenía mis mismos intereses, con la que tomaba un café y hablaba de cosas interesantes. Mi vocación era ser maestra.
P.: ¿Para usted qué significaba entonces su propia voz?
R.: Para mí, nada. Era una circunstancia con la que había nacido, como quien tiene los ojos azules o el pelo rubio... No lo supe apreciar hasta mucho más tarde. Cuando me iba a Córdoba a estudiar, el director del coro me dijo: "Pero, oye, ¿por qué no pruebas a estudiar canto? Tienes cualidades y deberías pensártelo". Le dije: "Es que yo no quiero ser cantante". "Bueno, tú estudias y cuando vuelvas de vacaciones nos lo cuentas", me respondió.
P.: ¿Y qué pasó?
R.: Pues que iba a la universidad por la mañana y al conservatorio por la tarde. Y como no había hecho un curso de solfeo en la vida, tuve que empezar con niños de ocho años. Yo tenía 18.
P.: ¿Le gustan las dificultades?
R.: Me niego a lo fácil. No es que quiera hacer las cosas más difíciles, es que me parece que el camino del sacrificio es el camino real; lo sencillo no lleva a ninguna parte. Mi abuelo era un hombre de campo y de pueblo que tenía una sabiduría popular. Me dijo que la mente tenía que mandar en el cuerpo, que siempre tenía que estar por encima. Que el cuerpo me pediría pereza y cosas sencillas, pero que la mente estaba ahí para ordenarle lo contrario.
P.: ¿De dónde le viene la buena voz?
R.: De este abuelo. Era tenor; nadie le había enseñado a cantar y su voz estaba impostada de manera natural. Cantaba en la iglesia. Por parte de mi padre todos son músicos, músicos de banda, como es tradicional por aquí.

UNIDAD 2

A Objetos imprescindibles

3 Pista 2

Los juguetes tradicionales exigen esfuerzo físico y destreza para competir sin violencia.
Según Mario Vázquez, diseñador de juguetes tradicionales, los juguetes de plástico y electrónicos limitan la capacidad física e inventiva de los niños, los hacen individualistas, los aíslan y en muchos casos los inducen a la violencia.
Por otro lado, los juguetes tradicionales exigen al niño convivencia social, esfuerzo físico y destreza para competir sin violencia, como es el caso del yoyó, las canicas, etc., a diferencia de los juguetes modernos, en los que solo manipulan teclas, observan a distancia y no les exigen una participación directa. El predominio de estos nuevos juguetes y su uso cada vez mayor en sectores sociales urbanos, advirtió Mario Vázquez, se está traduciendo no solo en el desplazamiento de una tradición de juegos "útiles y divertidos", sino en la "imposición de modelos diferentes de cultura" que propenden a limitar la capacidad de imaginación y esfuerzo de los niños.
No hay que olvidar que los niños son como esponjas. A veces destruyen los juguetes cuyo mecanismo y uso no pueden asimilar. En cambio, cuando entienden y aprenden su utilidad en términos de participación directa y creatividad propia en su juego, los cuidan y se preocupan por conservarlos.
Por todo ello, un grupo de expertos ha adquirido uno de los programas de rescate de la juguetería mexicana más audaces de la última década: la construcción de juguetes por cuenta de los niños.
"Se trata de que los niños –explican– aprendan a hacer sus propios juguetes, que los dibujen, armen, pulan, pinten, que les hagan variantes, los diseñen, rediseñen y reinventen. De que sientan que son obra suya y que jueguen y compartan con otros niños. Mediante este procedimiento habremos logrado una grata experiencia en la lucha por rescatar el juguete mexicano".

UNIDAD 3

A Vida cotidiana

3 Pista 3

Limpieza de las hortalizas
A la hora de preparar y presentar cualquier plato, por sencillo que sea, tan importante como la calidad de los ingredientes es el cuidado y el esmero que se dedique en el intento.
- Lave las hortalizas de manera minuciosa justo antes de consumirlas o cocinarlas con el fin de eliminar restos de tierra, insectos, residuos químicos y prevenir toxiinfecciones alimentarias.
- Los vegetales que crecen en contacto directo con la tierra (zanahorias, rábanos, espárragos) deben lavarse con esmero, sobre todo las hortalizas de hoja (lechuga, escarola...).
- Se recomienda el lavado de los vegetales, hoja por hoja, en agua fría con unas gotas de lejía apta para desinfección de aguas. Después deben aclararse con agua limpia repetidas veces.
- Evite el remojo prolongado con el fin de que no pierdan nutrientes solubles en agua (sales minerales y vitaminas). Si se añaden sustancias ácidas (limón o vinagre) al agua de remojo, se reduce la oxidación de algunas vitaminas.
- Siempre que sea posible es preferible consumir las hortalizas sin pelar, puesto que en ocasiones poseen un mayor contenido de vitaminas y otros compuestos beneficiosos en las zonas más externas (por ejemplo, el tomate posee un mayor contenido de licopeno en la piel que en la pulpa). En estos casos, deben la-

varse con cuidado y secarse con un paño limpio para eliminar cualquier resto de partículas extrañas (polvo, tierra…) y posibles residuos de plaguicidas y tratamientos químicos.

- El pelado o cortado también debe realizarse justo antes de su consumo para evitar el oscurecimiento (zanahorias). Si esto no es posible, se aconseja rociar con zumo de limón o vinagre y cocinarlos lo antes posible.

UNIDAD 4

A ¿Con quién vives?

4 Pista 4

ENTREVISTADOR: Tener buenos amigos mejora la esperanza de vida incluso más que la propia familia, según un estudio australiano publicado en la Revista Internacional de Epidemiología y Sanidad Pública. A lo largo de diez años que duró la investigación, las más de 1500 personas mayores de 70 años encuestadas demuestran que sus amigos mejoran el humor, la autoestima y ayudan a superar malos momentos. Hoy están con nosotros Pilar, de 75 años, y Esteban, de 71, para hablar de su experiencia sobre este tema. ¿Creéis que tener amigos es tan importante como demuestran estas estadísticas?

PILAR: A lo largo de la vida se valoran las amistades de manera diferente. De jovencita recuerdo que los amigos eran lo más importante en mi vida. Después me casé, tuve mis hijos y la mayor parte de mi tiempo libre lo ocupaba con ellos. Con el paso de los años, cuando los hijos se van haciendo independientes, vuelves a necesitar compartir tus momentos de ocio. Así que otra vez contactas con gente de tu edad, sin estar pendiente de los niños, con los que puedas intercambiar experiencias y opiniones. Para mí ahora mismo son imprescindibles para mantener mi equilibrio personal.

ENTREVISTADOR: ¿Tu experiencia es similar, Esteban?

ESTEBAN: Bueno, mi trayectoria personal ha sido diferente porque yo no he tenido hijos. De todas formas, yo estoy muy acostumbrado a estar solo. Se puede decir que en mi vida he tenido solo algunos buenos amigos con los que poder compartir mis inquietudes, mis penas y mis alegrías. Pero yo he sido feliz así.

ENTREVISTADOR: ¿Qué características son imprescindibles en un buen amigo?

PILAR: Pues un buen amigo es la persona en la que puedes confiar, a la que le puedes contar tus problemas, la que te sabe escuchar…

ESTEBAN: Estoy de acuerdo en todo lo que ha dicho Pilar, pero además para mí un amigo es la persona que comparte conmigo mis aficiones, inquietudes, opiniones…

ENTREVISTADOR: ¿Seguís manteniendo relaciones con vuestros amigos?

PILAR: Sí, claro. Mi marido y yo formamos ahora parte de un grupo de amigos, algunos casados, otros viudos o separados, con los que nos reunimos prácticamente todas las semanas. Con ellos viajamos, vamos al cine, al teatro, a conciertos… En fin, lo pasamos estupendamente juntos.

ESTEBAN: Bueno, yo he perdido algunos de mis amigos a lo largo de la vida, pero los dos o tres amigos que aún conservo son compañeros ideales de café y tertulia. Nos gusta reunirnos en nuestras casas y pasamos muchas horas disfrutando con el mero placer de la conversación. Nunca pasan dos semanas sin que nos hayamos visto.

UNIDAD 5

A La publicidad

5 Pista 5

Hipotecas, préstamos, créditos rápidos… ¿Vivimos al límite?
La pareja hipotecada
Isabel Pérez y José Ángel Álvarez (ambos de 29 años) viven en Madrid. Son pareja de hecho. Ella es periodista. Él, profesor de Matemáticas. Nivel adquisitivo: medio. Últimos caprichos: un viaje a Berlín, reformas en la cocina. Hipotecados hasta 2035.
"Compramos la casa hace un año. Empezamos pagando menos de 900 euros al mes. Pero las últimas subidas del euríbor nos han supuesto un incremento de 200 euros. Es mucho, y luego está la comida, el transporte… Tememos que los tipos sigan subiendo. Sin embargo, no vemos el futuro con pesimismo, porque confiamos en nuestra capacidad de trabajo. Sin la ayuda de nuestros padres, no tendríamos casa. Nos pagaron la entrada. Y si hay un mes muy malo, sabemos que están ahí. Nos gustaría tener hijos, pero, de momento, no nos lo podemos permitir".

El sueño del adosado
María Fernández y Juanjo Martínez, 37 y 44 años. Ella es directora de departamento comercial. Él es socio de una ebanistería. Tienen dos hijos. Nivel adquisitivo: medio. Último capricho: desde que ha nacido Virginia, muy pocos, sobre todo, tras el desembolso del bautizo. Hipotecados hasta 2030. Están pagando el préstamo de su segundo coche.
"Vivimos al día, tanto tienes, tanto gastas, y lo poco que ahorramos lo invertimos en vacaciones o en amueblar la casa. Los 220 metros cuadrados de nuestro adosado generan muchos desembolsos, nos queda amueblar el sótano, el ático… La compra de la casa fue a salto de mata, pero al final dices: "Adelante, ya saldrá el sol por algún lado". Nuestro mayor gasto son los niños. ¿Te parece normal gastar 138 euros en libros para uno de cinco años? Aunque no nos privamos de nada, yo procuro no derrochar. Salimos a cenar una vez al mes, pero, eso sí, a un buen sitio".

UNIDAD 6

C Diarios en la red

3 Pista 6

Los delitos en internet y las graves consecuencias que pueden tener en los niños es algo que a todos los padres les debería preocupar. Una Asociación de Padres se puso en contacto con uno de los responsables de la BIT (Brigada de Investigación Tecnológica del Cuerpo Nacional de Policía) y le hizo la siguiente entrevista.

¿Qué debe temer un padre sobre la relación de su hijo e internet?
La posibilidad cierta de cometer un delito, el 60% los cometen menores de edad, y la extrema facilidad para ver páginas de contenido no apto para niños.

¿Cuáles son las medidas de prevención que toma la policía ante esto?
No puede existir una prevención policial, ya que cuando la página llega a nuestras manos el daño ya está hecho. El problema es internet en sí mismo, es un medio de difusión ultrarrápido, sencillo, y que abarca todos los países del mundo. No estamos hablando de delitos contra los menores cometidos en España, que también los hay, sino de páginas que se cuelgan desde cualquier continente. Y cada país tiene una legislación diferente.

¿Los gobiernos no toman cartas en el asunto?
Sí, claro, el Tribunal de la Haya ha creado una Comisión de Cybercrimen del Consejo de Europa para establecer un acuerdo internacional formal de los delitos tecnológicos y las pautas que se deben seguir. Pero es muy complicado que todos los países la suscriban.

¿Qué hay que hacer para proteger a los niños de ciertas páginas de internet?
Solo hay dos caminos: la prevención familiar y la escolar. Hay que educarles, ya que no están preparados para enfrentarse a todos los contenidos de la red, pero lo están, y mucho más que los adultos, para manejarla. Son capaces de meterse en donde quieran cuando quieran, han nacido con internet, para ellos es parte de su vida.
Existen muchos delitos en la red, por ejemplo bajarse vídeos o canciones gratis. Están robando y así lo tienen que entender. Si les pillaran robando en una joyería, les ficharían y podrían acabar en la cárcel, si les pillan bajándose música, el delito es el mismo y está tipificado en el código penal (Art. 270 y siguientes) y tiene las mismas consecuencias.
En los colegios deberían también hacer hincapié sobre los peligros de internet con información, charlas y mucha, mucha concienciación.

Y como medidas concretas, ¿qué recomendáis?
Primero no dejar al chaval que esté horas y horas indiscriminadamente en el ordenador. Si controlamos las horas y programas de televisión que ven o la hora a la que llegan a casa, no se concibe que un padre permita que su hijo esté seis horas delante del ordenador sin saber qué hace. No se trata de ser represivo, porque los chavales necesitan saber manejarse con el ordenador, de otra forma se quedarían obsoletos, se trata de estar pendiente y guiar.
Otra medida fundamental es colocar un buen filtro en el ordenador doméstico teniendo siempre en cuenta que hay que incluir palabras clave.

UNIDAD 7

B ¿Bailas?

1 Pista 7

Carmen Cortés
Bailaora y reputada profesora de flamenco, en octubre empieza su gira europea con una versión flamenca de *La Celestina*. A la guitarra, su pareja, Gerardo Núñez. A los 48 años, Carmen Cortés es respetada por su exigente criterio y el compromiso profesional del que hace gala. Además, esta bailarina y coreógrafa se mueve con soltura entre el flamenco clásico y la vanguardia. Apasionada por asumir riesgos, en 1997 puso en escena *Salomé*, de Oscar Wilde, y su versión flamenca de *La Celestina* se caracteriza por ser muy personal.

Arte que se toca
"Chillida 50's-60's-70's" es la nueva exposición que organiza el Museo Chillida-Leku y que se inaugurará el próximo 19 de noviembre. En esta muestra se podrán admirar y tocar las primeras obras de este artista universal. El objetivo de la exposición es ampliar el conocimiento de la obra de Eduardo Chillida en sus primeras décadas de creación. La exposición, como siempre, entre el jardín y el caserío Zabalaga (San Sebastián).

Les Luthiers
El grupo, auténtico paradigma del humor inteligente, presentará su espectáculo *Las obras de ayer*, que reúne algunos de sus mejores números a lo largo de los últimos 30 años.
Cuando Les Luthiers comenzaron a realizar giras internacionales, la crítica y público de muchos países fueron corroborando las sospechas de estos argentinos, que constituyen hoy un motivo de orgullo nacional.
La trayectoria recorrida sigue sorprendiendo incluso a sus propios integrantes, quienes nunca trabajaron buscando el éxito. Desde 1977 Les Luthiers producen un espectáculo cada dos años, siendo ellos mismos autores de la música y textos; también les corresponde la dirección y la puesta en escena de los mismos.

UNIDAD 8

B Viajar para sentirse vivo

1 Pista 8

Viaje a las islas Galápagos
Programa semanal
Lunes. Llegada al aeropuerto de la isla de Baltra. Por la tarde, visita a la isla Seymour Norte, donde verás colonias de aves marinas: fragatas, gaviotas de cola bifurcada y pinzones.
Martes. Desembarco en isla Bartolomé, con caminata hasta la cumbre para ver el paisaje volcánico, un auténtico escenario lunar.
Miércoles. Por la mañana visita a la isla Genovesa, donde verás tiburones martillo, y por la tarde subida a la escalinata del Príncipe Felipe para ver dónde anidan las golondrinas de mar.
Jueves. En Puerto Ayora, en la isla Santa Cruz, se visita la Estación Científica Darwin, que nacía en 1959, coincidiendo con el primer centenario de la publicación del libro de Darwin. También verás tortugas gigantes.
Viernes. Visita a isla Isabela con paseo junto a iguanas, por los acantilados de Punta Vicente Roca, y por el canal de Bolívar para divisar mantas y delfines. Por la tarde, isla Fernandina, con colonias de pingüinos y cormoranes no voladores.
Sábado. También en isla Isabela, crucero por bahía Urbina para ver ballenas.
Domingo. En isla Española, caminata por bahía Gardner para ver los albatros de Punta Suárez.

UNIDAD 9

A Emprendedores

1 Pista 9

El trabajador autónomo o *freelannce*
Una posibilidad a la hora de trabajar es montártelo por tu cuenta, como trabajador independiente. Es lo que se conoce como *freelance* o trabajador autónomo.
Un trabajador *freelance* es aquel cuya actividad consiste en realizar trabajos propios de su profesión, pero de forma autónoma, para terceros que requieren sus servicios.
Habitualmente se asocia la imagen del *freelance* a una persona independiente, que no se quiere casar con nadie y no desea estar sometido a normas ni ataduras en cuanto a horarios, formas de vestir, etc. Sin embargo, este estereotipo está cambiando hacia una imagen mucho más real. Lo cierto es que la crisis económica y la precariedad laboral que vivimos impulsan a muchas personas a probar suerte y ofrecer sus servicios como *freelance*.
En un principio, el principal sector en el que se usaba esta modalidad de trabajo era el periodismo. Los medios gráficos de prensa además de tener un elenco permanente de empleados a sueldo, encargaban a terceros la realización de notas determinadas y pagaban por cada una de ellas, o bien adquirían notas que les eran ofrecidas en tales condiciones. Posteriormente se aplicó también en otros campos como los de la programación informática, el diseño gráfico, la consultoría, la fotografía, la traducción, y muchos otros servicios profesionales y creativos.
Internet ha facilitado la expansión de esta modalidad de trabajo en sectores como desarrollo de *software*, diseño de sitios web, tecnología de la información y documentación de negocios…, ya que permite que el trabajador autónomo pueda realizar su trabajo en lugares distantes del domicilio del receptor del trabajo e, incluso, en diferente país.
Asimismo, cada vez existen más bolsas de empleo en la red dedicadas a estos profesionales.

UNIDAD 10

C Se me ha estropeado el coche

5 Pista 10

C.: Buenos días, Miguel.
M.: ¡Hola. Cuánto tiempo sin verte!
C.: Ya sabes que se acerca el verano y antes de pasar la ITV, tengo que poner el coche a punto.
M.: Eso está muy bien. ¿Qué cosas quieres que revisemos?
C.: Pues échale un vistazo a los frenos. Hacen un poco de ruido.
M.: Vale, ¿y qué más?
C.: Yo creo que las luces también habría que revisarlas. Están un poco descolocadas y, además, la luz de la marcha atrás está fundida.
M.: Te revisaré el reglaje de las luces. Y las ruedas parece que están un poco desgastadas. ¿Cuántos kilómetros hace que no las cambias?
C.: Pues no sé exactamente…, unos 60 000.
M.: Entonces hay que cambiarlas. No conviene andar con ellas más de 50 000 kilómetros. Arranca el motor que voy a ver la salida de gases por el tubo de escape.
M.: Ya lo mediré, pero me da la impresión de que desprende más CO_2 del permitido. Ya sabes que ahora la Inspección está muy dura con la emisión de gases contaminantes.
C.: Bueno, pues, aprovechando que vas a tener el coche un par de días, cambia el aceite, que ya llevo casi 20 000 kilómetros con él y así ya lo tengo listo para las vacaciones. ¿Para cuándo me lo tienes?
M.: Calcula mínimo dos días. Si lo acabo antes, ya te llamo por teléfono.
C.: ¡Ah, se me olvidaba! Revisa el agua del limpiaparabrisas y el líquido de frenos, que hace mucho que no los miro.

UNIDAD 11

B El clima

5 Pista 11

En el noroeste peninsular se prevén precipitaciones moderadas, con probabilidad de fuertes en zonas cercanas al Atlántico. En el Cantábrico no lloverá pero el cielo estará cubierto con posibilidad de brumas y niebla.
Las precipitaciones débiles, localmente moderadas, se extenderán al centro de la Península, y serán más débiles y menos probables en el área mediterránea y sin alcanzar el extremo sureste, donde solo estará nuboso con nubes medias y altas. La cota de nieve descenderá a lo largo del día hasta los 1200 m en el tercio norte, 1500 m en el centro y 1800 m en el resto. Seguirá nevando con fuerza en todo el Pirineo.
En las islas Baleares, estará despejado, aunque con posibilidades de tormentas.
En las islas Canarias, habrá riesgo de granizo y vientos fuertes en el estrecho peninsular.

C Desastres naturales

5 Pista 12

Medidas generales frente a un huracán
Una vez anunciada la probabilidad de que ocurra un huracán o tornado en el área:
- Llenar el depósito de gasolina de todos los coches que haya en casa.
- Comprar o almacenar agua potable para 3 días (aproximadamente 10 litros por persona), comida en conserva, etcétera.
- Hacerse con una radio que funcione con pilas y comprar pilas o baterías de repuesto.
- Adquirir un botiquín de primeros auxilios.
- Asegurar todo el material del patio o del jardín que pueda convertirse en proyectil.

Una vez emitido el aviso de alarma:
- Dar a las mascotas suficiente agua y comida.
- Trasladarse a un refugio si lo piden las autoridades.
- Montar las protecciones oportunas en la casa.
- Asegurar las puertas y ventanas expuestas al exterior.
- Cortar la energía eléctrica, el agua y el gas para evitar cortocircuitos o escapes.

Durante el huracán:
- Escuchar constantemente las últimas noticias.
- Mantenerse alejado de las puertas y ventanas expuestas al exterior.
- Cerrar las puertas en el interior y mantenerse en la habitación más segura.

- Si caen objetos por la fuerza del huracán, ubicarse bajo una mesa u otro objeto estable que ofrezca protección.
- Mantener las líneas telefónicas libres para su uso oficial en caso de emergencia.
- No abandonar el refugio hasta que expire el aviso de emergencia.

Después del huracán:
- Abrir puertas y ventanas para dejar escapar gas de tuberías que pudieran haberse roto.
- No usar cerillas hasta estar seguro de que no hay escapes de gas.
- No volver a dar la electricidad hasta asegurarse de que no hay peligro de electrocución.
- Esperar la opinión de expertos antes de conectar el gas para estar seguros de que no hay escapes.
- Desinfectar agua (hirviéndola por 15 minutos o agregándole dos gotas de cloro por cada litro) y alimentos que pudieran contaminarse.
- No usar agua del grifo hasta que las autoridades lo dispongan.
- Hacer inventario de alimentos disponibles y descartar los que puedan haberse contaminado.
- No usar innecesariamente automóviles para mantener las carreteras disponibles para los equipos de rescate.
- Recordar que el huracán pudo dañar puentes, riberas de ríos, muros, etc., que podrían representar un peligro.
- No salir descalzo.
- Cooperar con los equipos de rescate.

UNIDAD 12

A Ficciones

6 Pista 13

La mujer del molinero fue despertada por el inoportuno trueno. Asombrada, descubrió que su marido no se encontraba a su lado. Corrió al comedor y, aferrando una rama del fuego, la acercó a la esfera del reloj. Apenas hacía una hora que se habían acostado.

Horas después, simuló dormir cuando escuchó el delator chirrido de la puerta. Él, sigiloso, se desnudó para acostarse con esmerada prudencia. Así transcurrieron las noches. Ella lo esperaba despierta, como siempre, y se acostaban juntos. Cuando la creía dormida, volvía a levantarse y se marchaba una vez más para volver dos horas más tarde.

Ahogada por la intriga un día lo siguió. Asombrada, lo vio entrar en el molino y cargar algunos sacos de harina en el carro de reparto. Seguramente los había molido a escondidas, cuando la invitaba a irse a casa un poco antes que él una vez terminada la jornada. Pronto sacó sus conclusiones: el muy ruin, avaro por naturaleza, seguro que pensaba canjear los sacos en el burdel por algún que otro favor. La miseria azotaba el feudo, a causa de la pasada peste, y las prostitutas aceptarían el alimento como caído del cielo. ¡Maldito mil veces! Ya lo había visto antes mirar de reojo hacia aquella casa de indecencia camino de la panadería.

Así, la mujer continuó siguiéndolo todas las noches, una tras otra, para sorprenderlo en plena acción, mas la sorpresa fue suya: el primer saco lo dejó en casa de la viuda, una desgraciada mujer de pellejos colgantes, envejecida antes de tiempo por el desgaste de criar a cuatro hijos. El molinero iba dejando los sacos en las puertas de las familias más miserables y hambrientas del feudo, para volver al hogar con el carro vacío. Mientras lo guardaba en el molino, la torpe espía corrió a su casa y se acostó... A los pocos minutos, llegó el marido con el sigilo de siempre. Se desvistió y se echó en la cama.

Con el tiempo, se comenzó a escuchar por el feudo una extraña leyenda sobre un duende nocturno que robaba la harina del molino repartiéndola entre los más necesitados. El duende castigaba de esta forma la conocida avaricia del molinero, que jamás se apiadó de nadie. Ningún aldeano lo pudo ver nunca, pues el que lo viera perdería sus gracias y favores.

Así vivió aquella familia con sus secretos y misterios. Ella jamás le preguntó a él adónde se marchaba todas las noches... Él tampoco se atrevió a averiguar la razón por la que al volver le esperaban en la mesa bollos recién hechos acompañados de un gran tazón de leche.

Jesús Cano

Soluciones

UNIDAD 1

A ¿Eres solidario?

1 1 ¿En qué estás pensando? 2 ¿Con qué está hecho este mantecado? 3 ¿Cuánto os gastáis en comida? 4 ¿Qué sofá prefieres? 5 ¿Dónde come? 6 ¿Quiénes van a la fiesta? 7 ¿Cuántas veces a la semana vais a yoga? 8 ¿Cuál es la comida preferida de tus hijos? 9 ¿Qué marca de café compro? 10 ¿Desde cuándo son amigos Luis y Rosa? 11 ¿A cuánto están hoy los tomates? 12 ¿Qué cuadros te gustan más?

2 1 ¿Qué marcas de detergente te gustan más? 2 ¿Cuál de los dos hermanos vino anoche? 3 ¿Desde cuándo vives en esta ciudad? 5 ¿A quién has invitado a tu cumpleaños? 6 ¿Por dónde pasea normalmente tu padre? 8 ¿Con cuánta frecuencia vas a la peluquería? 9 ¿Cuánto tiempo llevas / llevabas saliendo con Laura? 10 ¿Desde cuándo no has visto a tus hermanos? 11 ¿A qué alumnos les has dicho que vengan mañana a examinarse?

3 1 g; 2 e; 3 d; 4 f; 5 b; 6 a; 7 c; 8 i; 9 j; 10 h.

4 1 sobre; 2 que; 3 según; 4 el; 5 a; 6 muy; 7 como; 8 sí / ellos; 9 tanto; 10 los; 11 entre; 12 a; 13 si; 14 como; 15 mediante.

B Aprender de la experiencia

1 A. 1 vi; 2 dijo; 3 había terminado; 4 iba; 5 pregunté; 6 dije; 7 estabas. B. 1 has levantado; 2 me acosté; 3 estuve; 4 Era; 5 había envenenado; 6 venía; 7 terminó; 8 me acosté; 9 podía; 10 tuve. C. 1 Te has enterado; 2 ha pasado; 3 decidió; 4 tenía; 5 estaba; 6 pidió; 7 llamaron; 8 dieron. D. 1 he visto; 2 ha salido; 3 ha hecho; 4 denunció; 5 estaba.

2 1 llamó, dijo, habían arreglado; 2 salía, vi, llevaba, era; 3 se equivocaron, tomaron, iba; 4 pensaba, gustaba, he tomado; 5 he visto, he pensado, había tenido; 6 hizo, propuso; 7 ha detenido, manipulaban; 8 He leído, ha inaugurado.

3 fue, tenía, bombardearon, Estaba, dijo, era, dejaron, quedé, vi, intentaba, habían salvado, pusieron, fueron, estaban, di, corría, puse, atravesé, crucé, conseguí, sujetaba, oí, decía, hemos olvidado, dije, dijo, has hecho.

4 Nació en Calzada de Calatrava... Cuando tenía ocho años, emigró con su familia... Allí estudió el Bachillerato. A los 16 años se instaló en Madrid... Al principio realizó múltiples trabajos... tuvo un trabajo fijo... En esa temporada alternó su trabajo... actuó en un grupo de teatro... escribió relatos cortos, realizó cortometrajes... amigos que le financiaron, consiguió dirigir... rodó la segunda película... tuvo una buena acogida... le siguieron... dirigió *La ley del deseo*, que fue financiada por su propia productora. En 1987... se convirtió en un éxito. Dio la vuelta al mundo y fue aplaudida... Recibió más de cincuenta premios y fue nominada para... Mientras siguió el éxito de mujeres..., Almodóvar continuó con su trabajo y rodó una nueva película: *Átame* (1989), en la que empezó a trabajar con Victoria Abril. La película arrasó..., casi un millón de personas acudieron al cine a verla. Siguieron títulos como... En 1999, *Todo sobre mi madre* se convirtió... Consiguió el Óscar de Hollywood y fue aplaudida... También *Hable con ella*, de 2002, consiguió... En 2004 estrenó... en 2006 apareció... el director rindió... En 2009 presentó... fue candidata... consiguió... regresó a la comedia.

C Una época para recordar

1 1 c; 2 j; 3 a; 4 h; 5 g; 6 f; 7 b; 8 i; 9 e; 10 d.

2 1 existían; 2 era; 3 iba; 4 entraba; 5 era; 6 tenían; 7 contribuían; 8 iba; 9 se exhibían; 10 consumía; 11 iba; 12 abría.

3 1 entradas; 2 brecha; 3 contribuye; 4 paraje; 5 consume; 6 cola; 7 cartelera.

4 Respuesta libre.

UNIDAD 2

A Objetos imprescindibles

1 1 j; 2 f; 3 e; 4 g; 5 d; 6 a; 7 h; 8 k; 9 c; 10 b; 11 i.

2 1 La balanza romana servía para pesar los alimentos. 2 La peonza servía para que los niños jugaran. 3 Los prismáticos servían para ver objetos lejanos. 4 El molinillo servía para moler el café. 5 La máquina de escribir servía para escribir con letra de imprenta. 6 El tocadiscos servía para escuchar música. 7 El quinqué y la palmatoria servían para alumbrar. 8 La máquina de coser servía para coser y confeccionar ropa. 9 La cámara de fuelle servía para sacar fotos. 10 La plancha de fundición servía para planchar la ropa.

3 1 dedicará; 2 expondrán; 3 ofrecerán; 4 será; 5 discutirán; 6 será; 7 estará; 8 ofrecerán; 9 harán; 10 enfocará; 11 será; 12 dará; 13 tendrán; 14 discutirán; 15 se realizarán; 16 evaluarán; 17 ofrecerá; 18 cerrará; 19 podrán; 20 será; 21 recibirá; 22 participarán.

4 1 Que los modernos hacen que los niños sean más individualistas y los aíslan, mientras que los tradicionales les exigen una convivencia social y les enseñan a competir sin violencia. 2 En general, no les exigen una participación directa. 3 La imaginación y el esfuerzo. 4 Que lo absorben todo. 5 La construcción de juguetes por parte de los niños. 6 Respuesta abierta.

B La casa del futuro

1 1 Mañana, a estas horas, ya habré terminado el examen. 2 ¡Mañana ya habré terminado la exposición y no tendré que estar más aquí! 3 Cuando Clara llegue, nosotros ya habremos terminado de cenar. 4 Lo siento mucho, pero cuando podáis entrar a vivir en la nueva casa, vosotros ya os habréis casado. 5 Cuando llegue al supermercado, ya estará cerrado y no podré hacer la compra. 6 Cuando yo llegue, vosotros ya habréis terminado de jugar el partido.

7 Cuando llegue a casa, mi hijo ya se habrá acostado. **8** Lo malo es que cuando lleguemos al cine, la película ya habrá empezado.

2 1. **A** ¿Por qué se irá tan temprano? **B** Habrá quedado con alguien. 2. **A** ¿Por qué llorará ese niño? **B** Habrá perdido a su madre. 3. **A** ¿Por qué le reñirá? **B** Habrá vuelto a suspender. 4. **A** ¿Por qué no entrará en casa? **B** Habrá olvidado la llave. 5. **A** ¿Por qué le quedarán grandes los pantalones? **B** Habrá adelgazado.

3 1 seguirán; 2 habrá; 3 podrán; 4 podrán; 5 podrán; 6 será; 7 saldrán; 8 llevará; 9 Será; 10 se multiplicará; 11 vivirán; 12 generará; 13 permitirá; 14 crecerán; 15 valorará; 16 permitirá; 17 formarán; 18 podrán; 19 contarán.

4 1 V; 2 F; 3 V; 4 F.

C Me pone nerviosa que Luis no sea puntual

1 1 se pusieran; 2 vengan; 3 tocaran; 4 tengan; 5 pueda; 6 nos enfadáramos; 7 nos llevemos; 8 cambie; 9 evolucione.

2 Respuesta abierta.

3 1 un ventilador o un aparato de aire acondicionado; 2 un flexo o una lámpara; 3 un ascensor; 4 un despertador; 5 un microondas; 6 una nevera; 7 una lavadora-secadora; 8 una batidora; 9 un lavavajillas; 10 un horno.

4 1 estará; 2 podrá; 3 construiría; 4 Tendrá; 5 Habrán terminado; 6 tendríais; 7 Serán; 8 aumentarán; 9 expropiará, comprará; 10 habréis terminado.

5 Respuesta abierta.

UNIDAD 3

A Vida cotidiana

1 **A** tomate, pimiento, pepino, ajo.
B patatas, cebolla.
C judías verdes o repollo.
D casi cualquier verdura de temporada: judías verdes o guisantes o pimientos o alcachofas.

2 1 La fruta; 2 Aterosclerosis, diverticulitis, colon irritable, osteoporosis, anemias, cáncer, etc.; 3 Alteraciones funcionales, orgánicas y clínicas; 4 Las vitaminas pueden frenar el desarrollo de la mayor parte de las enfermedades crónicas.

3 1 F; 2 F; 3 V; 4 V; 5 V.

B Cocinar

1 1 llegue; 2 tenga; 3 mezclaré / mezclo; 4 aliñaré / aliño; 5 estén; 6 llamen; 7 invito; 8 invitar; 9 hable; 10 invitó; 11 llegara; 12 hice; 13 ponga; 14 vaya.

2 1 h; 2 b; 3 g; 4 a; 5 e; 6 c; 7 f; 8 d.

3 1 estén; 2 llegasteis; 3 puedas; 4 llegó; 5 llegarais; 6 comer; 7 añadas; 8 llaméis; 9 terminó; 10 hierva; 11 llegues; 12 acabéis.

4 1 comience; 2 esté; 3 añadimos / añadiremos; 4 añadamos; 5 echemos; 6 añadimos / añadiremos; 7 transcurran; 8 incorporamos / incorporaremos; 9 comience; 10 esté / está.

5 1 a; 2 b; 3 a; 4 a; 5 d; 6 b.

C Dolor de espalda

1 1 c; 2 a; 3 b; 4 f; 5 d; 6 e.

2 1 ha dado pie; 2 por narices; 3 tiene mucha cara; 4 salieron por pies; 5 mala pata tiene; 6 como anillo al dedo.

3 1 acuéstate; 2 caminad; 3 ponles, dales; 4 acude; 5 tendrías; 6 hubieras sentado, dolería; 7 hicieras.

4 1 Si no hubiera llegado tarde, habría cogido el autobús. 2 Si hubiera tenido cuidado, el mono no se hubiera / habría comido la merienda. 3 Si tuviera dinero, se compraría el collar. 4 Si no se hubiese saltado el semáforo, no hubiera / habría tenido un accidente. 5 Si hubiera traído paraguas, no estaría aquí ahora. 6 Si se hubiera dado prisa, la tienda no estaría cerrada.

5 1 tuviera (c); 2 Aprobaría (k); 3 hubierais ahorrado (h); 4 Metería (l); 5 fuéramos (a); 6 te encuentras (i); 7 Tendrías (e); 8 comería (j); 9 daría / hubiera dado (b); 10 hubieran empinado (d); 11 hubierais sido (f); 12 volviera (g).

UNIDAD 4

A ¿Con quién vives?

1 1 Presencia; 2 Atención; 3 Obesidad; 4 Pensamiento; 5 Naturaleza; 6 Hundimiento; 7 Ausencia; 8 Cocción; 9 Pureza; 10 Capacidad; 11 Prudencia; 12 Devolución; 13 Habilidad; 14 Sentimiento; 15 Aspereza; 16 Pobreza; 17 Corrimiento; 18 Legalidad; 19 Solución.

2 1 obesidad; 2 cocción; 3 ausencia; 4 capacidad; 5 pobreza; 6 pureza; 7 pensamientos; 8 devolución; 9 presencia; 10 hundimiento; 11 solución; 12 prudencia; 13 sentimientos; 14 corrimientos; 15 naturaleza.

3 1 realización; 2 necesidad; 3 tratamiento; 4 evaluación; 5 manifestaciones; 6 estudiantes; 7 preocupación; 8 pensamientos; 9 inseguridad.

4 1 Pilar; 2 Esteban; 3 Esteban; 4 Pilar; 5 Pilar; 6 Esteban; 7 Pilar; 8 Esteban.

5 1 La esperanza de vida, el humor y la autoestima. 2 Diez años. 3 Pilar, 75 años, y Esteban, 71. 4 Cuando se casó y tuvo hijos. 5 Para mantener su equilibrio personal. 6 Sus inquietudes, sus penas y sus alegrías. 7 Es la persona en la que puedes confiar, a la que le puedes contar tus problemas, la que te sabe escuchar... 8 Además de lo que ha señalado Pilar, un amigo es la persona que comparte sus aficiones, inquietudes, opiniones... 9 Viaja, va al cine, al teatro, a conciertos...; 10 Se reúne con sus amigos en sus casas y pasan muchas horas conversando.

B El amor eterno

1 1 d; 2 e; 3 f; 4 a; 5 h; 6 j; 7 b; 8 c; 9 g; 10 i.

2 1 Vivo en una calle del centro en la que es muy difícil aparcar. 2 Este es el amigo de Arturo al que queríamos invitar a nuestra fiesta. 3 Estuvimos ayer con mi prima Rosa de la que te hablé en mi última carta. 4 Estuve en el campo de fútbol del barrio en el que jugábamos de pequeños. 5 He encontrado una casa preciosa en la que me gustaría vivir. 6 Necesitamos una persona a la que encargar el cuidado de nuestros hijos. 7 Este es el problema del que ustedes querían hablar con él. **8** Esta es la empresa en la que me gustaría trabajar. **9** Pasamos unas vacaciones en la playa en las que toda la familia disfrutó muchísimo. **10** Son buenos jugadores en los que se puede confiar para formar un equipo.

3 **1** "El Pera" podría ser el ladrón al que está buscando la policía. / "El Pera" podría ser el ladrón a quien está buscando la policía. **2** Alianza es la empresa en la que trabaja Alfonso. **3** Nuestro coche podría ser el vehículo adecuado que necesitamos para hacer el viaje. **4** He conocido al alemán con el que estuvo casada Irene. / He conocido al alemán con quien estuvo casada Irene. **5** Ustedes son algunos de los clientes con los que hablamos a diario. **6** En esa foto se ve el hotel en el que estuve de vacaciones. **7** Esta es la casa en la que te dije que iba a vivir. **8** Antonio es el amigo que me presentó María. **9** Te voy a dar el teléfono del restaurante en el que comimos. **10** La NBA es la liga en la que juega Gasol.

4 **1** en que / en el que, en la que; **2** de las que; **3** al que / a quien; **4** en la que / en que; **5** a la que / a quien, a la que / a quien; **6** en el que, del que; **7** en el que / en quien; **8** en los que; **9** que; **10** a la que.

5 **1** con la que; **2** de quien; **3** lo que; **4** lo que; **5** con quienes; **6** en las que; **7** a quienes / a las que; **8** a las que / a quienes; **9** a lo que; **10** con el que.

6 **1** c; **2** b; **3** a.

C El deseo de ser padres

1 **1** F; **2** V; **3** V; **4** F.

2 **1** Por el idioma, la cercanía y el carácter cosmopolita. **2** Encontrar un piso donde vivir; a través de internet. **3** Porque le parece excesivo que la gente emplee un 60% de sus ingresos en vivienda. **4** El idioma.

3 **1** lo; **2** al; **3** lo; **4** lo; **5** El, lo; **6** el; **7** el; **8** lo; **9** lo; **10** él, lo; **11** lo, Lo; **12** El, el; **13** Lo; **14** lo, Él; **15** el, lo; **16** lo.

4 **1** No te puedes imaginar lo que hablan las amigas de Juanjo. **2** No sabes lo cansado que estoy cuando llego a casa del trabajo. **3** No veas lo caro que me ha costado arreglar el coche. **4** No te imaginas lo que llovía ayer por la noche. **5** No te puedes imaginar lo que me gustó la última película de Almodóvar. **6** No veas lo bien que me salió el examen. **7** No te imaginas las ganas que tenía de verte. **8** No sabes lo que te eché de menos el año pasado. **9** No te puedes imaginar cuánto se ha enfadado por lo que ha pasado. **10** No te imaginas lo preciosa que es la casa que se ha hecho mi hermana. **11** No veas lo caro que nos ha costado el coche. **12** No te puedes imaginar lo lejos que está del hotel el polideportivo.

5 **1** No sabemos en quien confiar. **2** Si necesitas dinero, yo puedo prestarte lo que quieras. **3** Andrés, ha venido un comercial que pregunta por ti. **4** ¿A que no sabes a quién vimos ayer en el parque? **5** No sabes lo diferentes que son los hijos gemelos de Andrea. **6** Tras un largo rato en el que se dedicó a telefonear a sus amigos, se puso a escribir nombres en su cuaderno. **7** No hagas caso de lo que te dijo Marcelo, él no te conoce bien. **8** Ahora mismo no recuerdo el nombre de la empresa para la que trabaja mi hermana. **9** ¿Te has fijado en lo guapa que está Montse con ese nuevo peinado? **10** ¿Te has enterado de lo de Aurora? Parece que

se va a Canadá con una beca importantísima. **11** Este es el restaurante en el que celebraron mis tíos su boda. **12** Ahora bajaremos a la sala donde están expuestas todas las esculturas. **13** Este es el pueblo del que te hablé ayer.

5 **1** Porque reúne todos los encantos con los que sueñan la mayoría de los jóvenes; **2** Buscar casa; a través de internet; **3** Porque hay que emplear un 60% de los ingresos en la vivienda; **4** El idioma.

UNIDAD 5

A La publicidad

1 **1** reclamación; **2** solución; **3** oficial; **4** establecimientos; **5** copias; **6** datos; **7** motivos; **8** empresa; **9** consumidor; **10** usuarios; **11** elaboración; **12** tramitación.

2 **1** V; **2** F; **3** F; **4** F; **5** F.

3 Respuesta libre.

4 **A** Paula: Que no, que no me gustaba *ninguna de las películas que ponían y que además no me encontraba muy bien, que me dolía la cabeza y que tenía escalofríos*. **B** Que sigamos todo recto *y que giremos a la izquierda en la segunda calle. Que caminemos un poco más y que cuando encontremos una pastelería volvamos a girar a la izquierda y que ya la encontraríamos*. **C** Lucas: Es que Marina me ha pedido que *fuese a su casa y que le trajera los apuntes que había dejado encima de la mesa, que era un trabajo muy importante para la profesora y que lo tenía que entregar hoy*.

5 **1** La comida, el transporte... **2** Que los tipos de interés sigan subiendo. **3** El respaldo de los padres. Ellos les pagaron la entrada y les ayudan si hay un mes malo. **4** Por casualidad. **5** No. **6** Porque lo poco que ahorran lo invierten en vacaciones o en muebles.

B Dinero

1 **1** prioridad; **2** triángulo de equilibrio; **3** bienestar; **4** ajustado; **5** mientras; **6** retrato; **7** mascotas; **8** por encima; **9** visión.

2 **1** a; **2** i; **3** b; **4** c; **5** d; **6** g; **7** h; **8** e; **9** j; **10** f.

3 **1** David dijo que *ojalá le tocara / tocase la lotería*. **2** En la TV han informado de que *el director de la empresa ha / había fallecido*. **3** Lourdes y Miguel se quejaban de que la gente *fumara / fumase en los pasillos*. **4** Manuel le pidió a su hija que *se lavara los dientes*. **5** Pilar ha prohibido que *se copie*. **6** El vendedor sugirió que *nos acercáramos y mirásemos los nuevos productos*. **7** El presidente del Gobierno instó a los ciudadanos a que *ahorraran / ahorrasen más para levantar la economía*. **8** ¿Recuerdas aquella canción que decía que *cuantas más estrellas hubiese / hubiera más gente pensaría en él*. **9** La carta de ayer advertía que *hoy finalizaba el plazo de inscripción*. **10** Mi tío nos aseguró que *nosotros seríamos sus sucesores*.

C Comercio justo

1 **1** una mayoría *aplastante*; **2** comida *abundante*; **3** un caballero *andante*; **4** un platillo *volante*; **5** un tipo *repugnante*; **6** un calor *agobiante*; **7** el agua *corriente*; **8** el sol *naciente*; **9** una medida *urgente*; **10** una persona *creyente*; **11** un profesor *exigente*; **12** una belleza *diferente*; **13** un punto *coincidente*; **14** un rotulador *permanente*; **15** un dolor *preocupante*.

2 **1** lujoso; **2** confuso; **3** afectuoso; **4** vistoso; **5** majestuoso; **6** cremoso; **7** caprichoso; **8** acuoso; **9** defectuoso; **10** animoso; **11** monstruoso; **12** difuso; **13** virtuoso; **14** ruidoso; **15** impetuoso.

3 **1** lavable; **2** doloroso; **3** escalofriante; **4** arcilloso; **5** asmático; **6** verdoso; **7** caucásico; **8** cantante; **9** afectuoso; **10** teatral; **11** anual; **12** amoroso; **13** oloroso; **14** tropical.

4 Respuesta libre.

5 **1** lavable; **2** calurosos; **3** profesional; **4** independiente; **5** horrorosos; **6** poderosos; **7** celoso; **8** penetrante; **9** educativo; **10** comprensivo.

6 Respuesta libre.

UNIDAD 6

A La televisión

1 **1** aprobar; **2** perdone; **3** echaran de menos; **4** evitar; **5** dijeras; **6** fuéramos; **7** compre; **8** encontrarlo; **9** te enteres; **10** hablar; **11** ganar; **12** poder; **13** arrastrase; **14** os curarais; **15** relajaros.

2 **1** e; **2** c / f; **3** a; **4** d; **5** b; **6** g; **7** h; **8** c / f.

3 Respuesta libre.

4 **1** V; **2** F; **3** V; **4** V; **5** V; **6** V.

B Series de televisión

1 **1** porque; **2** pues; **3** por; **4** a causa del (de + el); **5** Como; **6** Ya que; **7** Puesto que; **8** que; **9** Porque; **10** porque; **11** pues; **12** Como ya.

2 **1** epidemias; **2** caldo consumista; **3** de un solo tiro; **4** bucle de perversiones; **5** chistes a granel; **6** fiebre; **7** unos niveles de; **8** soplaron las velas; **9** Que les aproveche.

3 **1** estabais; **2** tuviera / tuviese, estaba; **3** dé; **4** quiero; **5** has llamado; **6** has dicho; **7** sean; **8** vi / he visto; **9** sea, tengo; **10** ser; **11** odiará; **12** cantaseis / contarais, trabajáis; **13** llegar; **14** prefiere.

4 **1** como; **2** puesto que / ya que; **3** ya que / como; **4** a causa de / por; **5** porque; **6** porque; **7** pues.

C Diarios en la red

1 **1** b; **2** d; **3** e; **4** c; **5** a.

2 **1** En primer lugar; **2** Sin embargo; **3** Al contrario; **4** por lo tanto; **5** Además; **6** por eso; **7** Por otro lado; **8** incluso; **9** aunque.

3 **1** Una asociación de padres. **2** La posibilidad de que cometan un delito y la visión de páginas no aptas para niños. **3** Porque internet es un medio de difusión ultrarrápido y que abarca todos los países del mundo. **4** No. Existe una Comisión para establecer este acuerdo pero es complicado que todo los países la suscriban. **5** Las familias y los centros educativos. **6** No dejarles que estén muchas horas delante del ordenador sin saber qué hacen y colocar un buen filtro al ordenador.

UNIDAD 7

A Ir al cine

1 **1** en el que; **2** en las que; **3** en / de la que; **4** donde; **5** a la que; **6** a la que; **7** por la que; **8** por la que.

2 **1** Porque vio la película *Átame*. **2** Para trabajar con Almodóvar. **3** Hasta 1997. **4** *Carne trémula*. **5** *Belle Époque, Todo sobre mi madre* y *Volver*.

3

4 **1** a; **2** f; **3** h; **4** e; **5** b; **6** d; **7** g; **8** c.

5 **1** en; **2** con; **3** de; **4** por; **5** en; **6** de; **7** a; **8** a; **9** en; **10** con; **11** de (del); **12** en; **13** a; **14** en; **15** de; **16** a.

6 **1** b; **2** d; **3** e; **4** a; **5** c.

B ¿Bailas?

1 **1** F; **2** V; **3** F; **4** F; **5** F; **6** F; **7** F.

2 **1** coreógrafo; **2** soltura; **3** poner en escena; **4** inaugurar; **5** artista; **6** caserío; **7** números; **8** gira.

3 **1** llamado; **2** medios; **3** historia; **4** aportaciones; **5** primero; **6** búsqueda; **7** ya; **8** dicha; **9** exigía; **10** rodaje; **11** destacables; **12** tienen; **13** pescadores; **14** plástica; **15** nombrar; **16** sobre; **17** directores; **18** para; **19** película; **20** llegada.

C No imaginaba que fuera tan difícil

1 **1** Pues yo no creo que *haya que respetar a los vecinos ni guardar silencio por las noches*. **2** En cambio, tu hermano mayor no opina que *tu familia esté obrando bien*. **3** Nosotros, por el contrario, no suponíamos que *iríamos / fuéramos / fuésemos a ir por el camino más corto*. **4** No recuerdo que *te preguntara / preguntase por tus primos*. **5** Sin embargo, él no se imaginaba que *aquello fuera / fuese a ocurrir*. **6** Pero a nosotros no nos ha parecido que *no tuvieras / tuvieses razón*. **7** Pues yo no me di cuenta de que *me había sonado el móvil*. **8** No veo que *hayas vuelto a suspender el examen*. **9** Nunca supo que *habías entrado en su casa con mis llaves*. **10** No se imaginó que *la hubieras / hubieses llamado por teléfono*.

2 1 pase; 2 supone; 3 conlleve; 4 se sienten; 5 sea; 6 se vea; 7 es; 8 es; 9 recrudecerá; 10 empeorará.

3 leí; quiera; haya; harán; exista; sucedería / sucediera; tenía; reaccionaron; soliciten; haya.

4 1 ha finalizado; 2 estáis / estaréis; 3 tengamos; 4 cuentan / han contado; 5 merendéis / merendáis; 6 ibas / fueras; 7 traduzcas / hayas traducido; 8 desperdiciaras; 9 hay / habrá; 10 importa; 11 tendríais / tuvierais / tuvieseis / teníais; 12 llevaras / llevases; 13 era / fuera / fuese; 14 sabían / supieran / supiesen; 15 volvería; 16 saldríamos / habíamos salido; 17 se visten; 18 pongan / pusieran / hayan puesto; 19 habías visto; 20 te enfades / te enfadaras / te enfadases / te hayas enfadado.

5 Respuesta abierta.

UNIDAD 8

A Viajar

1 1 hasta; 2 sin; 3 de; 4 entre; 5 a; 6 Por; 7 en.

2 1 b; 2 b; 3 c; 4 b.

3 1 vea / haya visto; 2 se marchen / se hayan marchado; 3 llegue / haya llegado; 4 enfermara; 5 digas / hayas dicho; 6 estudiara; 7 llamarais; 8 compraras; 9 terminen / hayan terminado; 10 llevarais; 11 fuera/fuese; 12 diga.

4 Respuesta libre.

5

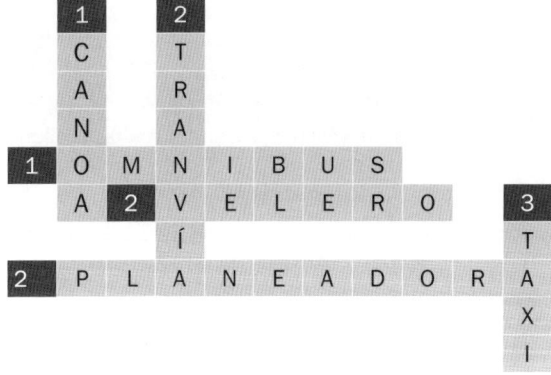

B Viajar para sentirse vivo

1 **Itinerario de la radio:** 1 visita a la isla Seymour Norte; 2 desembarco en la isla Bartolomé; 3 verán tiburones martillo; 4 coincide con el primer centenario de la publicación del primer libro de Darwin; 5 divisar delfines; 6 verán cormoranes no voladores. **Itinerario del folleto:** 1 visita a la isla Seymour Sur; 2 desembarco en la isla Salomé; 3 verán camaleones; 4 coincide con el tercer centenario de la publicación del primer libro de Darwin; 5 divisar cocodrilos; 6 verán cormoranes voladores.

2 1 están, Es; 2 es; 3 Es / Será; 4 es, ha estado; 5 Es; 6 está; 7 Es; 8 es; 9 es; 10 está, Está; 11 está.

3 1 fuisteis; 2 será; 3 sería; 4 sea; 5 hayáis sido; 6 estuvo; 7 estáis; 8 es; 9 esté; 10 esté.

4 1 Me fastidia que tu hermana haya vuelto a suspender el carné de conducir. 2 Les encanta que la gente ya no fume en el metro. 3 Le pone nerviosa que tu abuelo hable solo. 4 Me da rabia que los días pasen demasiado rápido. 5 A sus padres les da miedo que mi prima conduzca de noche. 6 Me da igual que María hiciera una entrada triunfal. 7 Me puso de buen humor que David sacara buenas notas. 8 Me fastidió que la luz cegara al conductor. 9 Me molestó que no se resistiera y fuera a hablar con ella. 10 Me encantó que tus amigos hablaran en público.

5 1 puesta; 2 dobladas; 3 roto; 4 muerta; 5 fritas; 6 abiertas; 7 decidido; 8 hecha; 9 alquilada; 10 escritos; 11 dormido.

6 1 es; 2 ser; 3 está; 4 es; 5 es; 6 es; 7 sean; 8 es; 9 sean; 10 ser.

7 1 denominar; 2 graduar; 3 numerar; 4 etiqueta; 5 seleccionar; 6 consumición; 7 aparición; 8 mezclar.

C Historia de una travesía

1 1 abreviatura; 2 apertura; 3 adelanto; 4 competencia; 5 creación; 6 petición; 7 selección; 8 aparición.

2 1 ha cambiado; 2 acosaban; 3 repetían; 4 decidieron; 5 ha crecido; 6 sustituidos; 7 decoren; 8 estorba.

3 1 anclada; 2 abrumar; 3 muralla; 4 techo; 5 zoco; 6 adivino; 7 saltimbanqui; 8 curandero; 9 henna; 10 hervidero.

4 1 iba; 2 éramos; 3 hayáis suspendido; 4 sea; 5 llamen; 6 estuvieran / estuviesen; 7 estés; 8 llamara / llamase; 9 Estaba; 10 has estado; 11 hubiera / hubiese dicho; 12 estudiases; 13 haya ido; 14 estés; 15 salió; 16 digáis; 17 había salido; 18 fui; 19 fuimos; 20 llamaras / llamases.

UNIDAD 9

A Emprendedores

1 1 F; 2 V; 3 V; 4 F; 5 V; 6 V.

2 1 requieren; 2 sometido; 3 ataduras; 4 modalidad; 5 precariedad; 6 impulsa; 7 elenco; 8 consultoría; 9 expansión; 10 receptor.

3 1 ser su propio jefe; 2 para empresas; 3 no quieren comprometerse con una sola empresa; 4 estar obligado a algo; 5 intentar tener éxito.

4 1 f; 2 g; 3 d; 4 h; 5 e; 6 a; 7 c, 8 b.

5 1 Me parece que; 2 Estoy de acuerdo; 3 No obstante; 4 Para mí; 5 Bueno, sí, pero por otro lado; 6 Yo creo; 7 No estoy de acuerdo; 8 Lo que pasa es que; 9 Llevas razón.

6 1 hablara; 2 lleguen; 3 pudieras; 4 tienes; 5 sepa; 6 aprendes; 7 te pongas; 8 hicieras; 9 atendáis; 10 devuelve; 11 probemos; 12 abran; 13 contáis; 14 dijeras; 15 meriendes; 16 quisieras; 17 gastara.

B Encontrar trabajo

1 1 la torera; 2 la bombera; 3 la fontanera; 4 la árbitra; 5 la médica; 6 la ingeniera; 7 la arquitecta; 8 la piloto; 9 el modelo; 10 el violinista; 11 la periodista; 12 el dentista; 13 la policía; 14 el galerista.

2 *El constructor de música*

Francisco Hervás (Granada, 1962) tiene *uno* de los oficios más interesantes y complejos que pueden encontrarse: *luthier*, es decir, constructor de instrumentos musicales. Él se dedica a fabricar instrumentos antiguos, del Barroco y del Renacimiento. "*Habré* hecho unos ochenta o noventa instrumentos", recuerda. Francisco comenzó tocando en un grupo de música renacentista y tradicional y fue este hecho el que lo llevó a fabricar sus propios instrumentos. Fue así como surgió todo. Lo suyo *son* instrumentos artesanales, que nada tienen que ver con los que pueden adquirirse en una tienda, por muy caros que resulten. Cada detalle, como *la* espiral del clavijero de un violín o una viola, está tallado a mano, con horas o días de paciencia y rigor, la madera se curva con maniobras de calentamiento y humedad. Hasta el último detalle requiere *una* planificación absoluta. El resultado final no es un mero instrumento. Es una obra *de* arte. Hay *luthiers*, y Hervás es uno de ellos, a los que se *le* encargan los instrumentos con años de antelación, debido al tiempo que necesita cada obra y a los encargos que tienen con anterioridad. Los músicos, sin embargo, prefieren aguardar y tener por fin un *hervás*. De hecho, el nombre de su autor aparece en el frontal del clavecín uno de los instrumentos más complicados de construir, que hizo por encargo. En su talle se comprende el valor de una firma en un instrumento.

3 **1** el / la testigo; **2** La dependienta; **3** La atleta; **4** El guía; **5** Las pacientes; **6** La piloto; **7** La comandante; **8** la víctima.

4 el panadero: la panadera; el artista: la artista; el violinista: la violinista; el conductor: la conductora; el marinero: la marinera; el atleta: la atleta; el comandante: la comandante; el modelo: la modelo; el dependiente: la dependienta; el charcutero: la charcutera; el barón: la baronesa; el amante: la amante; la jirafa: la jirafa; el cartero: la cartera; el caballo: la yegua; el yerno: la nuera; el padrino: la madrina; el cuñado: la cuñada; el guardaespaldas: la guardaespaldas; el policía: la policía; el enfermero: la enfermera; el arquitecto: la arquitecta; el juez: la juez / la jueza; el presidente: la presidenta; el taxista: la taxista; el periodista: la periodista.

C Servicios públicos

1 **1** vengáis; **2** apruebes; **3** condujera / condujese; **4** os pongáis; **5** tuvieras / tuvieses; **6** dijeras / dijeses; **7** estuviera / estuviese; **8** pusiéramos / pusiésemos; **9** hagamos; **10** hayas cogido.

2 **1** siempre y cuando; **2** a no ser que; **3** en caso de que; **4** a no ser que; **5** como; **6** con tal de que; **7** excepto que.

3 **1** plazas; **2** entre sí; **3** vacante; **4** Asimismo; **5** aptitudes; **6** ambas; **7** pulsaciones; **8** título.

4 **1** g; **2** a; **3** d; **4** c; **5** f; **6** b; **7** e.

5

UNIDAD 10

A Si conduces, no bebas

1 **1** c; **2** i; **3** g; **4** h; **5** b; **6** f; **7** d; **8** a; **9** e.

2 **1** La policía; **2** El juez; **3** Los condenados; **4** El jurado; **5** El abogado; **6** El delincuente; **7** El ladrón; **8** El homicida; **9** El contrabandista; **10** El secuestrador.

3 **1** he vulnerado, he cometido; **2** delito; **3** multa; **4** sobornar; **5** acusado, bigamia; **6** absuelto; **7** cumplir, condena; **8** revocada; **9** detenido; **10** secuestrado.

4 **Criminal:** ladrón, asesino, evasor, asaltador, secuestrador, traficante; **Verbo:** robar, asesinar, evadir, asaltar, secuestrar, traficar.

5 **1** llevo; **2** haga; **3** saques; **4** llueva; **5** estés; **6** pongo; **7** quieras; **8** sepamos; **9** des.

6 **1** duela; **2** haga; **3** saludaba; **4** pude; **5** venía; **6** parezca; **7** cayó; **8** saques; **9** fuimos; **10** hicieron.

7 **1** b; **2** a; **3** e; **4** c; **5** d.

B Me han robado la cartera

1 **1** haya aprendido; **2** escribió; **3** haya estado; **4** era; **5** gusta; **6** prefieres; **7** vive; **8** presenté; **9** pueda; **10** está.

2 **1** atendió; **2** escriben, toman; **3** recibiera; **4** se preocupaban; **5** enviaron; **6** supiera; **7** tocó / había tocado; **8** gustara; **9** pueda, pinta, es; **10** mereciera; **11** estén; **12** sabían.

3 Respuesta abierta.

4 **1** la que; **2** el que; **3** el que; **4** las que; **5** los que; **6** la que; **7** lo que; **8** el que; **9** la que; **10** el que; **11** lo que.

5 **1** adelanten; **2** conduzcan; **3** lleven; **4** circule; **5** tenga; **6** vayan; **7** habla; **8** lleva; **9** sean; **10** sufra.

C Se me ha estropeado el coche

1 1 espejos retrovisores; 2 carrocería; 3 cinturón de seguridad; 4 neumáticos; 5 rueda; 6 faros; 7 frenos; 8 intermitentes; 9 depósito de gasolina; 10 limpiaparabrisas; 11 volante.

2 1 En los laterales se debe ver parte de la carrocería. 2 A todos los pasajeros, incluso a los de las plazas traseras. 3 La mala presión de los neumáticos. 4 Las luces de los faros, las de los frenos y las de los intermitentes. 5 Los limpiaparabrisas.

3 1 Se le ha perdido el móvil. 2 Se le ha caído un diente. 3 Se les ha escapado el perro. 4 Se nos ha ido el autobús. 5 Se te han quemado las lentejas. 6 Se me ha bloqueado el ordenador. 7 Se les ha inundado la casa. 8 Se os ha hecho tarde. 9 Se nos ha roto el motor. 10 Se les han estropeado las vacaciones.

4 1 Se le ha pinchado la rueda. 2 Se le ha manchado la camisa. 3 Se le ha ocurrido una idea. 4 Se les ha escapado el autobús. 5 Se les ha acabado el dinero. 6 Se les han quemado sus casas. 7 Se le ha roto un plato. 8 Se le ha caído el pelo.

5 1 aceite. 2 ruedas. 5 luces. 7 limpiaparabrisas. 9 frenos; 10 gases.

6 1 Porque se acerca el verano, y antes de la revisión quiere poner el coche a punto. 2 Hacen un poco de ruido. 3 Están un poco descolocadas y la luz de freno está fundida. 4 Cada 50 000 kilómetros. 5 La emisión de gases contaminantes. 6 Cambiar el aceite. 7 En el caso de que haya terminado antes de dos días. 8 Que revise el agua del limpiaparabrisas y el líquido de frenos.

7 1 Los agentes de circulación. 2 Luchar contra los accidentes de tráfico y mejorar la seguridad vial. 3 Porque hay que adaptarse a la realidad del tráfico. 4 6000 euros. 5 Someterse a una prueba de detección de drogas y alcoholemia.

UNIDAD 11

A Animales

1 1 g; 2 e; 3 b; 4 c; 5 h; 6 k; 7 j; 8 a; 9 f; 10 d; 11 i.

2 1 es tan terco como una mula; 2 es más cobarde que las gallinas; 3 bebe menos que un camello; 4 es ahorrador como una hormiga; 5 hace un día de perros; 6 cantaba como un ruiseñor; 7 es más lento que una tortuga; 8 fuerte como un toro; 9 se llevan como el perro y el gato; 10 está más loco que una cabra; 11 ser astuto como un zorro.

3 1 sin; 2 para; 3 por; 4 hasta; 5 desde; 6 para.

4 **Fábula original:** la Cigarra llama a la puerta de la Hormiga para pedirle comida; cuando llega el invierno, la Cigarra pasa hambre. **Fábula adaptada:** la Cigarra llama a la puerta de la Hormiga, montada en un Ferrari, para pedirle que le cuide su casa; la Cigarra consigue dinero por un contrato que ha firmado con un productor francés.

5 1 La Cigarra saludó a la hormiga y le dijo que iba a pasar el invierno en París y que si podría cuidar de su casita. 2 La Hormiga le dijo que sin problemas, y le preguntó dónde había conseguido el dinero para ir a París y para comprar un Ferrari y un abrigo tan bonito y tan caro. 3 Y la Cigarra le respondió que había sido algo increíble ya que, cuando estaba cantando en un bar la semana pasada, un productor francés la escuchó y le gustó su voz; entonces firmó un contrato para hacer espectáculos en París; y le preguntó si necesitaba algo de allí. 4 Y la Hormiga le dijo que sí, que si se encontraba con La Fontaine le dijera de su parte...

B El clima

1 1 temperatura global; 2 irradiación solar; 3 erupciones volcánicas; 4 energía solar; 5 atmósfera; 6 efecto invernadero; 7 efecto invernadero; 8 deforestación; 9 dióxido de carbono.

2 1 c; 2 b; 3 a.

3 1 precipitaciones, desbordaran, se normalizó; 2 sudar, absorberla; 3 deshidratación; 4 nevadas; 5 huracán, inundadas; 6 ciclón, tormenta.

4 1 seleccionen; 2 grite; 3 has aprobado; 4 iba; 5 hubieras venido; 6 expliques; 7 fuera; 8 tengas; 9 estuviera; 10 llovió.

5 Respuesta abierta.

C Desastres naturales

1 1 siente, pueda; 2 sitúese; 3 corra, se detenga, aléjese; 4 diríjase; 5 Tenga; 6 procure; 7 Instruya; 8 Guarde.

2 1 flaca; 2 pobre; 3 abuelo; 4 boca; 5 guapo; 6 cintura; 7 dientes; 8 relleno; 9 plaza; 10 nariz; 11 maleta; 12 amigo.

3 1 guapillo; 2 cinturita; 3 rellenito; 4 dientecillos; 5 boquita; 6 Pobrecillo; 7 flaquita; 8 naricilla; 9 plazuela; 10 abuelete; 11 amiguitos; 12 maletín.

4

```
U T S U N A M I
E D I T J U T A
O S M O E O E R
A E S R L R R J
U Q A N O I R A
E U Z A X A E S
E Í Z D E D M T
O A S O L A O I
L I A D E S T F
N A C L O V O Ó
E R U P C I Ó N
```

5 No aparecen en el texto: 3, 5, 7 y 9.

UNIDAD 12

A Ficciones

1 1 hay; 2 me parece; 3 se vaya; 4 te quedas; 5 cumplas; 6 seas; 7 estás; 8 prohíbo; 9 te suicidarás; 10 negaré; 11 termine; 12 convenga; 13 quiera; 14 se entere.

2 1 Echar una ojeada; 2 Dejar en paz; 3 Hacer una tontería; 4 Perderte de vista; 5 Micos.

3 1 por; 2 por; 3 para; 4 para; 5 por; 6 por; 7 para; 8 para; 9 por / para; 10 por / para.

4 1 j; 2 g; 3 e; 4 c; 5 b; 6 i; 7 d; 8 a; 9 f; 10 h.

5 1 Para; 2 para; 3 por; 4 Para; 5 por; 6 por; 7 para; 8 por; 9 por; 10 para.

6 1 por; 2 para; 3 para; 4 por; 5 por; 6 por; 7 para; 8 por; 9 para; 10 por; 11 por.

B Turismo cultural

1 1 son atraídos; 2 es seducido; 3 ha sido convertida; 4 ha sido celebrado.

2 1 lúdica; 2 aliciente; 3 gancho; 4 ocio; 5 feroz; 6 paraje; 7 depredadora; 8 fagocitar; 9 masiva; 10 oscilar.

3 1 invertida; 2 demostrado; 3 dominada; 4 visitado; 5 inaugurado; 6 acometidas.

4 1 ha sido galardonado; 2 será construido (mejor que "se construirá" porque se conoce el agente); 3 fue hallado; 4 están encarcelados; 5 había sido suspendida / estaba suspendida; 6 fue abucheado; 7 había sido roto / estaba roto; 8 se recogen / son recogidas; 9 eran invitadas; 10 estaba sentenciada; 11 era preparada; 12 fueron encontrados / se encontraron, fueron declarados / se declararon; 13 fueron retenidos / estuvieron retenidos; 14 han sido suspendidas / se suspendieron; 15 fue plagiado / ha sido plagiado.

5 1 reparada; 2 resuelto; 3 castigado; 4 traducido; 5 fabricado; 6 reservado.

C ¿Sigues pintando?

1 1 tuve que; 2 dejo de; 3 Llevo; 4 debes; 5 Hubo que; 6 lleva; 7 sigue; 8 viene a; 9 Debe de; 10 tenido que.

2 1. c; 2 a; 3 a, b, c; 4 a; 5 b; 6 a; 7 a, c.

3 1 Continuidad; 2 Aproximación; 3 Terminación; 4 Repetición; 5 Obligación o necesidad; 6 Probabilidad; 7 Interrupción; 8 Obligación o necesidad.

4 1 había de recordar; 2 llevó a conocer; 3 había que señalarlas; 4 daban a conocer; 5 tratando de desenclavarse; 6 consiguió disuadirlo; 7 ha de sobrarnos; 8 se empeñó en demostrar; 9 logró desenterrar.

5 1 b; 2 d; 3 f; 4 c; 5 g; 6 e; 7 a.